Burkhard Budde

Spuren gelebter Liebe

25 Mutmacher

Extra:

Zehn Perspektiven der Zehn Gebote &
das Christliche Menschenbild

Bibliografische Information der Deutschen Nationalbibliothek: Die Deutsche Nationalbibliothek verzeichnet diese Publikation in der Deutschen Nationalbibliografie; detaillierte bibliografische Daten sind im Internet über http://dnb.dnb.de abrufbar.

© 2023 Burkhard Budde

Lektorat: Margret Budde
Umsetzung: Jonas Budde

Herstellung und Verlag: BoD – Books on Demand, Norderstedt

ISBN: 9783757881719

Für Margret

Gedanken

sind wie Steine,

die aufgehoben,

mit Gefühl betrachtet,

dann ins Wasser des Lebens

geworfen werden,

wo sie als Worte und Taten

Kreise ziehen.

Inhalt

Vorwort	11
Liebe wächst mit Liebe	14
Liebe retten	17
Geistige Wellness-Oase	18
Erholsame Auszeit	21
Eine blaue Blume	24
Danke, guter Freund	27
Immer höflich sein?	30
Im Lebenskampf	34
Die Macht der Macher	36
Fair bleiben	40
In Würde teilen	43
Das Pendel der Extreme	46
Unbelehrbare Fanatiker	49
Spaßvogel mit Eule und Spiegel	52
Die Früchte des Reifens	55
Esel, Hund, Katze, Hahn	58
Buch des Lebens	61
Geburtsglück	64
Glaube und Wissen	66
Gebet eines Suchenden	69

Krankheit als Türöffner	71
Mit Gott reden	73
Ewiges Haus	75
Die Sanduhr	78
Für ein zivilisiertes Miteinander	81
Zauber des Meeres	84
Seligpreisungen Jesu	85
Zehn Perspektiven	88
Die Gebote mit persönlicher Auslegung	90
Christliches Menschenbild	98
Kompass christlicher Ethik	102
Zum Autor	107
Bücher des Autors	109

Liebe Leserin, lieber Leser,

das vorliegende Buch ist eine Sammlung von Denkanstößen aus dem Alltag für den Alltag, die in den letzten Jahren in meinen Kolumnen „Moment mal" (Westfalen-Blatt) und „Auf ein Wort" (Wolfenbütteler Schaufenster) veröffentlicht worden sind.

Das Echo aus der Leserschaft hat mich ermutigt, die gesammelten Texte in diesem Buch auch neuen Lesern zur Verfügung zu stellen: Manche Leser der Kolumne haben die Beiträge ausgeschnitten und an Freunde oder Verwandte versandt; andere sie bei Feiern oder auch am Krankenbett vorgelesen; wieder andere sie im Religions- und Philosophieunterricht, in der kirchlichen Bildungs- und Jugendarbeit als Gesprächsimpuls gezielt eingesetzt. Ein Leser berichtete, dass er mit seinem Partner über den Denkanstoß beim gemeinsamen Frühstück gesprochen habe. Es gab auch Leser, die mich zum Besuch in ihr Haus eingeladen oder mich angerufen haben, um sich bei mir zu bedanken und mit mir über Inhalte zu sprechen. Manche fanden die Texte „informativ" und „wertschöpfend", wieder andere „nachdenklich" und „erbaulich". Manchmal wurden die Texte auch Türöffner für ein sehr vertrauensvolles Gespräch. Für dieses Echo bin ich allen sehr dankbar, aber auch für kritische Stimmen, die nicht sofort mein Anliegen verstanden, aber dann das Gespräch über ein besseres Verstehen gesucht haben.

Diese Texte bleiben ein Versuch, viele Menschen aus ihrer Lebenswirklichkeit abzuholen, in neue Denk- und Erfahrungshorizonte mitzunehmen und einzuladen, über Inhalte nachzudenken oder zu sprechen und vor allem sich eine eigene Meinung im Lichte des christlichen Glaubens zu bilden.

Die Texte sollen wie ein ethischer *Kompass* der liebenden Verantwortung sein – kein einfaches Rezeptbuch -, wie ein *Schwert* der kritischen und unabhängigen Vernunft – keine schwingende Moralkeule -; vor allem sollen die Texte jedoch einen Zugang eröffnen zur christlichen *Quelle* des Gottvertrauens, der begründeten Hoffnung und der allumfassenden Liebe.

Bei der Reihenfolge der Texte gibt es keine besondere Absicht. Der Leser hat es selbst in der Hand, den „Mutmacher" auszusuchen, mit dem er sich aktuell beschäftigen will, weil ihm das Thema auf den Nägeln brennt.

Dass auch die Zehn Gebote und ihre Interpretation eine bleibende Bedeutung haben, ist mir insbesondere während einer Israelfahrt in diesem Jahr bewusst geworden.

Geschrieben sind die Texte für Leser, die nicht nur spirituelle Sehnsüchte, seelischen Halt und persönlichen Sinn suchen, sondern auch für die, denen ethische Orientierung wichtig ist - verbunden mit einer heiteren Gelassenheit und positiven Lebenseinstellung, da Gott für Vertrauende das letzte Wort hat.

Danken möchte ich meiner Frau Margret sowie meinem Sohn Jonas bei der Begleitung der Entstehung des Buches. Allen Lesern wünsche ich viele spirituelle Entdeckungen auch in alten Gewissheiten, die bei allem Ernst des Lebens zu der von Gott bewegten Leichtigkeit dazugehören.

In herzlicher Verbundenheit
Burkhard Budde

Liebe wächst mit Liebe

Zwei Menschen, die sich wie im siebten Himmel fühlten, trafen einen Engel. „Was können wir tun, damit wir glücklich bleiben?" fragten sie ihn. „Schöpft regelmäßig aus diesen Gefäßen", antwortete der Himmelsbote, „dann wird eure Liebe wachsen". Und er zeigte auf vier Gefäße.

Das erste Gefäß war voller *Vertrauen*. „Wer daraus schöpft", erläuterte der Engel, „erlebt, wie wichtig es ist, offen und ehrlich, zuverlässig und verschwiegen zu sein, ohne blauäugig zu werden."

Das zweite Gefäß war voller *Verantwortung*. „Wenn ihr viel Vertrauen geschenkt bekommt, wächst eure Verantwortung", betonte der Engel, „ihr werdet beim Schöpfen aus diesem Gefäß erleben, wie wichtig es ist, sich füreinander Zeit zu nehmen, auch über kontroverse Fragen zu sprechen, um Antworten und Lösungen zu finden, ohne seinen eigenen Kopf abschalten zu müssen."

Das dritte Gefäß war voller *Leidenschaft*. „Vertrauen und Verantwortung brauchen die Sehnsucht nach körperlicher Nähe, um die Neugierde auf den anderen nicht zu verlieren", sagte der Engel und fügte noch hinzu: „Und das Gefühl sinnlicher Lust braucht Vertrauen und Verantwortung, um gemeinsam neue Gefühle der Zärtlichkeit und Geborgenheit zu entdecken, ohne den Respekt vor dem anderen über Bord zu werfen".

Das vierte Gefäß war voller *Hoffnung*. „Vertrauen, Verantwortung und Leidenschaft können in jeder Beziehung in Krisen geraten", meinte der Engel. „Darum braucht ihr auch die Hoffnung auf neues Vertrauen, auf neue Verantwortung und neue Leidenschaft". Und das gelinge nie im Alleingang, sondern nur, wenn beide zu Neuanfängen, zu Kompromissen, zu Vergebung und Versöhnung bereit seien, ohne dass einer dabei in die Knie gehen müsse.

Die Liebenden dankten dem Engel und schöpften fleißig aus den Gefäßen. Im Laufe der Zeit merkten sie jedoch, dass Liebe schön, aber nicht immer einfach ist. Ein zeitweises Maskenspiel unliebsamer Unaufrichtigkeiten verhinderte, den anderen so anzunehmen wie er ist; ein gelegentliches Versteckspiel hinter bevormundender Moral die persönliche Verantwortung; ein bequemes Pflichtspiel starrer Gewohnheiten das leidenschaftliche

Begehren. Und die Hoffnung in Enttäuschungen und Depressionen konnte ihre Liebe nicht immer beflügeln.

Da tauchte der Bote des Himmels mit einer denkwürdigen Botschaft auf: „Ihr müsst im Endlichen eurer Liebe die ewige Liebe suchen. Eure Liebe ist mehr als ein Spiel. Den tieferen Sinn und die verborgene Wahrheit eurer Liebe entdeckt ihr in der schöpferische Liebe Gottes, die nur Neuanfänge kennt. Und euch bereits gefunden hat. Und eure Liebe beseelt und erneuert."

Als beide diese Botschaft in ihren Herzen bewegten und in ihren Köpfen bedachten, befanden sie sich nicht auf Wolke sieben, wohl aber erlebten sie ein Stück Himmel auf Erden.

Liebe retten

Nur kurz die Liebe retten:

Sie entsteht im plötzlichen Sturm kalter Vernunft am heißen Strand des Lebens.

Frischer Wind, der den Bauch zärtlich berührt, kann ein einziges Sandkorn hin und her wehen, aber die anziehenden Gedanken an eine Person nicht vertreiben.

Ein Körnchen dieser geheimnisvollen Botschaft reicht, um die schlafenden Bedürfnisse der Seele zu wecken, den hin- und hergerissenen Geist zu beflügeln und den unbegreiflichen Himmel auf Erden zu bewegen.

Selbst zeitliche und räumliche Entfernungen können die Wanderdüne der Sehnsüchte nicht davon abhalten, auf Nähe und Vereinigung immer wieder neu zu hoffen.

Denn an den Stränden des Meeres des Lebens, in der Tiefe und Weite, in der Grenzenlosigkeit der Möglichkeiten, an jedem Ort liegt die Insel des Glücks:

Das aus einem kleinen Sandkorn mit langem Atem, viel Vertrauen und Leidenschaft ein Samenkorn einer schöpferischen Liebe wird.

Geistige Wellness-Oase

Fesch. Ein echter Hingucker! meint eine Frau, die einen viel zu kleinen Kaiser mit einer viel zu großen Krone begutachtet. Seltsam, denkt eine andere Person. Ein Kaiser ohne Kleider? Ausgerechnet der mächtige Heinrich IV, dickbäuchig, sich schämend, der in seinem Reich im 11.Jahrhundert sichtbare Spuren hinterlassen hat?!

Insgesamt 16 Symbolfiguren des Künstlers Jochen Müller „tummeln" sich im Bad Harzburger Jungbrunnen der Gegenwart. (Fast) alle beschäftigen sich in humorvoller und ironischer Weise mit einem Dauerthema der Menschheit, mit Unsterblichkeit und Verjüngung. Und nehmen dabei wahlweise Selbstverliebtheit und Selbstbespiegelung, Selbsttäuschung und Selbsterhöhung, übertriebenen Ehrgeiz und unerfüllbare Erwartungen aufs Korn.

Seit Menschengedenken träumen Menschen von ewiger Jugend. Doch noch nie hat es einen unsterblichen Menschen gegeben. Der Vorgang des individuellen Alterns lässt sich zwar verlangsamen, aber grundsätzlich verhindern lässt er sich nicht.

Dennoch muss kein Mensch seiner Jugend nachtrauern oder einem Jugendwahn frönen. Und keiner muss voller Schrecken an sein Altwerden denken oder das Alter glorifizieren. Wer in seinem Leben lernt sich anzunehmen, kann bewusst reifen, wachsen und neue Früchte finden und genießen. Als Handelnder – nicht als ständiges Opfer – wird er trotz Krisen einen besonderen "Frühling", neue sinnstiftende Lebensmöglichkeiten, entdecken – auch gereifte Schönheit, Lebensfreude und Genuss.

Ob in unseren Tagen große und kleine Zaren, ihr Gefolge sowie Zuschauer am Seitenrand wissen, dass sie – wie der Kaiser im Jungbrunnen – alle „nackt" sind, wenn sie geboren werden, aber auch wenn sie sterben? Dass ihre entgrenzte Allmacht „natürlich" begrenzt ist?

Keiner von ihnen braucht unbedingt eine Wohlfühl-Oase. Wohl aber kann jeder durch eine geistige Wellness-Oase erneuert werden: Indem sich ein Mensch durch das Wasser liebender Vernunft befreien lässt - vom Korsett der Selbstsucht und der Selbstgerechtigkeit sowie von den Fesseln des Neides und der Gewalt, um seine Verantwortung vor der Mit- und Nachwelt wahrzunehmen.

Ein besonderes Erlebnis kennt eine christliche Oase, wenn sie nicht versteckt oder nur Hingucker ist. Sie schenkt in allen Zumutungen, aller Heimatlosigkeit und Angst eine geistliche Wohltat mit sozialer und menschlicher Wirkung - durch Gott- und Christusvertrauen, unabhängig vom Lebensalter.

Erholsame Auszeit

Tiere, die heimatlos sind, machen keinen Urlaub. Auch kennen weder Mücken, die lästig sind, noch Zecken, die Blut saugen, Festtage („Feriae") wie früher die wohlhabenden Römer. Oder Bienen, die fleißig sind, Ferien zur Erholung wie heutige Arbeitnehmer. Auch erhalten Esel, Kamele oder Elefanten, die unfreiwillig und ungefragt Lasten tragen und ertragen müssen, nicht einfach Urlaub („urloup"), die Erlaubnis zur grenzenlosen Reisefreiheit. Nur fiktive Tiere können ihre Rucksäcke packen, um in der Ferne Abenteuer und Wohlbefinden zu suchen.

Viele Menschen ticken und leben anders als Tiere: Die Ferien oder der Urlaub beginnen bereits häufig mit einem Schnelltransport zum ersehnten Urlaubsziel. Nicht selten werden bei vielen die Nerven strapaziert, wenn sie zusätzlichen Stress erleben, der bei Warteschlangen oder Staus entsteht. Oder sie fühlen sich wie ihr Reisegepäck, wenn die bewusste Raumerfahrung des Weges durch die beschleunigte Schnelligkeit verloren geht.

Zum Glück wollen nicht alle Reisenden beim Wettkampf um die schönsten Ferienparadiese Weltmeister werden

- immer öfter, immer länger, immer weiter weg reisen, um anschließend zu Hause mit den erfüllten Leistungsbeweisen prahlen zu können. Viele kennen die Schattenseiten und Gefahren der Reizdichte exotischer Urlaubsziele:

Zum Beispiel Bergtouren, bei denen sie sich selbst überschätzen können. Auswirkungen auf die Umwelt und die Einheimischen, die nicht selten unterschätzt werden.

Die beschämende Beobachtung, wenn sich Urlauber aus dem Land der Dichter und Denker wie Eroberer aufführen und krakeelend mit ihren Bierdosen die ersehnte Ruhe stören.

Oder der groteske Versuch, den großen Weltbürger in einer Hotelwelt zu spielen, aber sich wie ein besserwisserischer Kleingeist in Sandalen zu bewegen. Und sich beim Trinkgelage zum Affen zu machen.

Oder genau den Stress und die Hektik, die eigentlich zu Hause bleiben sollten, in der Fremde zu begegnen. Vielleicht auch, weil man ihn mitgebracht hat.

Nichtsdestotrotz: Es gibt einzigartige Schönheiten in fernen Paradiesen, begeisternde Sehenswürdigkeiten in fremden Städten, atemberaubende Blicke in unbekannte

Natur- und Bergwelten, erfrischendes Faulenzen im bunten Strandleben. Selbst im Leerlauf kann der Urlaubshungrige die Zeit genießen, sich verwöhnen und verzaubern lassen. Und seinen Akku mit neuer Energie aufladen.

Das gilt allerdings auch für den Urlaub zu Hause, für Exkursionen durch den Nahraum, zu Fuß oder per Rad. Ein intensives Selbsterlebnis kann ein Umherstreifen durch Wald und Flur sein. Oder eine echte Bereicherung ein Ausflug in ein nahegelegenes Erholungsgebiet.

Stets kommt es wohl auf die Freiheit an: Nicht ein „tierischer" Zwang sollte bei der Frage einer Auszeit vom Alltag die entscheidende Rolle spielen. Wohl aber das persönlich Sinnvolle und Verantwortbare, vor allem das zweckfreie Lebensdienliche im Rahmen der eigenen Möglichkeiten.

Eine blaue Blume

Kann eine besondere Blume der Schlüssel zu einer romantischen Liebe sein? Sehnen sich liebende Menschen heimlich nach einer Blume, die verzaubert, auch wenn sie ihren Zauber nicht wahrhaben oder kennenlernen wollen?

Friedrich von Hardenberg (1772 bis 1801), bedeutendster Vertreter der Frühromantik, mit Dichternamen Novalis, erzählt in seinem unvollendeten Roman „Heinrich von Ofterdingen" von einem Traum, in dem es um eine „hohe lichtblaue Blume" geht.

Der Titelheld des Romans sah im Traum unzählige Blumen; an der Quelle sah er nichts als die blaue Blume, die er lange und mit „unnennbarer Zärtlichkeit" betrachtete. Als er sich ihr nähern wollte, so heißt es in der Erzählung aus dem phantastischen Mittelalter mit vielfältigem Panorama, fing die Blume auf einmal an, sich zu bewegen und zu verändern. Die glänzenden Blätter schmiegten sich an den wachsenden Stängel. Und als die Blütenblätter einen blauen ausgebreiteten Kragen zeigten, sah er in ihm ein schwebendes zartes Gesicht.

In diesem Augenblick wurde von Ofterdingen von seiner Mutter geweckt und umarmt und von seinem Vater als „Langschäfer" gescholten.

Heute spekulieren manche Zeitgefährten: Welche Blume war gemeint? Andere besingen, malen, verehren oder verklären die geheimnisvolle Blume. Vielleicht entstand diese blaue Blume auch als Trostblume im Kopf von Novalis nach dem Tod seiner Verlobten Sophie, die im blauen Gewand verstorben war.

Als literarische Inspiration bei der Suche nach Liebe und Erkenntnis ging mir folgender Traum durch Kopf und Herz, der auch die entzauberte Welt der Moderne romantisieren kann:

Ein Träumender liegt in einem bunten Garten mit vielen Blumen. In seinem Traum wird er von den schönen Blättern einer *gelben* Blume berührt, die Zuversicht ausstrahlt. Je mehr sie ihn streichelt und beglückt, desto geborgener und sicherer fühlt er sich. Da sieht er eine *rote* Blume, die plötzlich neben ihm erwacht, und in ihm tiefe und bislang unbekannte Gefühle weckt. Immer mehr gerät er in ihren Bann. Ihre faszinierenden Farben verzaubern ihn, ihr süßer Duft betört ihn und ihre anmutenden Bewegungen ziehen ihn magisch an. Ein

Schauer läuft ihm über den Rücken. Es kribbelt wild. Er fühlt sich wie elektrisiert. Als sie ihm ganz nahe ist, sieht er nur noch ihre Schönheit. Als sie ihn mit ihren großen Blättern umarmt, wird er geweckt.

Eine *vertrocknete* Blume sagt: „Lass dir dein Herz nicht einfach stehlen. Vergiss den Baum der Erkenntnis und die Dornen der roten Blume nicht." Und eine *blaue* Blume ergänzt: „Der Weg zum Glück, zu sich selbst und zum anderen führt über die innere und äußere Freiheit."

Denn die Quelle aller Sehnsucht, das wusste auch Novalis, ist keine naive Träumerei, die zum Alptraum werden kann, sondern das liebende Herz, das nicht kopf- und geistlos wird, wenn die Augen geöffnet bleiben und weitersehen können, um einen faszinierenden Ausblick sowie einen weisen Durchblick zu gewinnen. Und wer zu sich selbst gefunden hat, findet auch seine ganz eigene blaue Blume im Antlitz seines Nächsten, sein neues Glück.

Danke, guter Freund

Neulich rief mich ein alter Freund an. Lange hatten wir nichts voneinander gehört. Dennoch hatte ich das Gefühl, als wenn wir uns erst gestern gesprochen hätten. Die „Chemie" zwischen uns stimmte (immer noch). Wir erinnerten uns an gemeinsame Zeiten, in denen wir viel gelacht und unternommen, manchmal auch heftig diskutiert hatten, jedoch uns immer wieder verständigen oder unsere unterschiedlichen Meinungen aushalten konnten. Vor allem lebte die Freundschaft vom Vertrauen und von Verschwiegenheit, von Zuverlässigkeit und Hilfsbereitschaft, von Gegenseitigkeit und Freiwilligkeit. Und keiner machte sich vom Acker, wenn es brenzlig wurde. Im Gegenteil: Dankbar dachten wir an Situationen, in denen der andere nicht anwesend war oder sein konnte, aber die Unterstützung des Freundes erhielt, damit mit ihm fair umgegangen wurde.

Falsche Freunde gibt es reichlich: Wenn zum Beispiel der Feind des Feindes zum Freund wird, um eigene Interessen durchzusetzen. Oder sich der Freund des Feindes automatisch zum Feind verwandelt, weil bedingungslose Gefolgschaft verlangt wird. Oder wenn von

Freundschaft zwar geredet wird, aber die eigene Lust-, Nutzen- oder Vorteilsvermehrung gemeint ist.

Schlimm sind jedoch auch *Schein*freunde: Als sich eine sympathische und anerkannte Professorin zu einer demokratischen Partei bekannte, die nicht im Elfenbeinturm der Uni gerade beliebt war, wurde das Band der vielen „Freunde" wie von Geisterhand von Kollegen und Studenten zerschnitten. Als wenn die Vielfalt der Positionen plötzlich nicht mehr gefragt und vor allem die Professorin ein anderer Mensch geworden wäre?!

Ein *wahrer* Freund ist kein Zauberer, der seinen Freund trickreich verzaubert oder seine Not einfach wegzaubert, wohl aber dessen seelisches Wohlbefinden stärkt oder sein Leiden erträglicher zu machen versucht.

Ein wahrer Freund ist kein Schulmeister, der seinem Freund unsensible (Rat-) Schläge gibt oder giftige Noten verteilt, wohl aber sich mit ihm kritisch und ehrlich austauscht und gemeinsam mit ihm – wenn er es will – Antworten oder Lösungen angesichts von Problemen sucht.

Ein wahrer Freund ist kein Spieler, der aus Mitleid oder Eigennutz seinem Freund den Ball zuspielt oder ins Team aufnimmt, sondern ihn wertschätzend anerkennt und – wenn es möglich und zu verantworten ist – fördert und gemeinsame Ziele verfolgt.

Mit meinem Freund kann ich übrigens auch über den „Freund Gottes" (Jes.41,8) sprechen, über Abraham, der erlebt hat, dass Gott ein vertrauenswürdiger Wegbeleiter und Wegbereiter ist, der Menschen in die Freiheit, Tiefe und Weite eines erneuerten sowie eigenverantwortlichen Lebens führt – aus Freundschaft und Liebe.

Immer höflich sein?

Höflich bleiben? Das fällt nicht immer leicht:

Während einer Zugfahrt legt ein Mitreisender seine schmutzigen Schuhe auf den Sitz; ein anderer führt ein lautes Telefongespräch, als säße er ganz allein im Abteil. Im Supermarkt an der Kasse gähnt eine Person mit weit geöffnetem Mund, als wolle sie die Kassiererin auffressen; eine andere Person, die mit offenem Mund Kaugummi kaut, beschwert sich im rüden Ton über die Warteschlange.

Auf einer Bank einer Strandpromenade bohrt ein Urlauber unbekümmert in seiner Nase, beleidigt nicht nur die Augen der vorbeischlendernden Passanten, sondern riskiert auch eigenes Nasenbluten. In einer Gaststätte schlürft und schmatzt ein Gast und lobt mit vollem Mund das Essen; ein anderer reinigt vor versammelter Mannschaft seine Zähne.

Beim Betreten eines Aufzuges grüßt ein Mann freundlich die Anwesenden, erntet jedoch nur einen schalen Blick, der Bände spricht; keiner erwidert den Gruß.

Die Liste der „fehlenden Kinderstube" oder der „schlechten Gewohnheiten" ließe sich beliebig verlängern.

Manche Menschen jedoch, die *keine* Höflichkeit zeigen, kennen nur den selbstverliebten Egotrip und ihre selbstgerechten Ansprüche:

Wenn sie zum Beispiel durch die Missachtung eines Dresscodes reflexartig provozieren: Bei einer Beerdigung ein buntes Pop-Kleid oder bei einer Hochzeit schmuddelige Jeans tragen.

Oder nur an sich und ihre eigenen kulturellen Prägungen denken und die rechtlichen Spielregeln der Allgemeinheit ignorieren, indem sie in einem Freibad Frauen oder Minderheiten verbal attackieren oder sogar anspucken und tyrannisieren.

Probleme aggressiver Unhöflichkeit lassen sich dann nicht weglächeln, sondern müssen benannt, besprochen und konsequent im Rahmen von Recht und Gesetz bewältigt werden, damit ein friedliches und sicheres Miteinander gelingt.

Es gibt eine *falsche* Höflichkeit einem ungehobeltem Rüpel oder einem politischen Tyrannen gegenüber, indem der Kopf ängstlich eingezogen oder in den Sand gesteckt wird, was nur zur weiteren Rücksichtslosigkeit oder zur vermehrten Brutalität einlädt. Manchmal helfen nur klare Benimmregeln im Kleinen und das vereinbarte Völkerrecht im Großen, Durchsetzungskraft und Wehrhaftigkeit, eine ruhige und souveräne Haltung, die von Gelassenheit und Besonnenheit getragen wird, um nicht selbst kopflos zu werden.

Zur *wahren* Höflichkeit im normalen Alltagsleben gehört der lohnende Versuch, Absprachen im Blick auf Termine und Aufgaben einzuhalten, die richtige Anrede zu wählen oder unnötige Abkürzungen zu vermeiden. Höflichkeit, die gepaart ist mit ehrlicher Freundlichkeit und positivem Humor, emphatischer Umgänglichkeit und wertschätzendem Wohlwollen, ist ein wichtiger Schlüssel zu einem gelingenden Leben: Selbst im Stress und Streit, können die Sachebene von der Beziehungsebene leichter unterschieden, Lösungen in der Sache gefunden oder unterschiedliche Auffassungen ausgehalten werden.

Ohne affektierte Maske oder kumpelhaftes Verhalten kann eine höfliche Person, die sich auf dem Parkett des Lebens sicher bewegt, die Form einhalten und dadurch Format zeigen.

Im Lebenskampf

Der Löwe...

Er hat <u>offene Augen</u>, schläft nicht.
Er trägt keine Scheuklappen,
verzichtet auf Einäugigkeit.
Er kämpft für *Freiheit* in Verantwortung.
Jeder soll eigenverantwortlich und sozial leben können.

Er kann <u>brüllen</u>, schreit aber niemanden an.
Er schweigt nicht, wenn er Gewalt und Trickserei erlebt.
Er kämpft für *Gerechtigkeit*.
Jeder soll fair und individuell seine Chance erhalten.

Er kann <u>beißen</u>, ohne bissig zu werden.
Er ist nicht zahnlos, wenn er getäuscht werden soll.
Er kämpft für die unverlierbare *Würde* aller.
Jeder soll menschlich und gerecht behandelt werden.

Er ist <u>stark</u>, um schützen zu können.
Er läuft nicht weg, wenn es Herausforderungen gibt.
Er kämpft für eine freie *Gesellschaft*
in Vielfalt und Einheit.

Jeder soll sein Leben im Rechts- und Sozialstaat gestalten können.

Er <u>springt</u> in die Tiefe der Wahrheit.
Er weiß, dass auch seine Zeit begrenzt und endlich ist.
Er kämpft für ein glückliches *Leben* aller.
Jeder soll Sinn und Liebe in seiner Lebenszeit entdecken und auf einen Vorgeschmack auf die Ewigkeit hoffen können.

…im Kampf für ein besseres Leben

Die Macht der Macher

Wer hat das Sagen, wer das letzte Wort?

Einer schmunzelt: „Meine *Mutter* ist meine Regierung."
Ein anderer verrät ein offenes Geheimnis: „Mein *Chef*
sagt, wo es lang geht." Ein weiterer Teilnehmer der Diskussionsrunde meint, dass *Zahlenmenschen* die Welt
regieren. Manche nicken, weil sie selbst schon kleinkarierte Erbsenzähler erlebt haben, die haargenau abrechnen und im Streit pedantisch aufrechnen. Ein anderer widerspricht. Er kennt *Machtmenschen*, die kaum
Interesse an Zahlen haben, wohl aber ihren Einfluss
„ohne Rücksicht auf Verluste" vergrößern und ihre Vorteile „ohne Fingerspitzengefühl" vermehren. Ein weiterer Diskutant erinnert sich an *Geldmenschen,* die er mal
als gierig und gewinnsüchtig, mal als verschwenderisch
und verantwortungslos, mal als geizig und gedankenlos,
aber auch als sparsam, enthaltsam und weitsichtig beschreibt. „Übertreibt mal nicht", ruft einer in die Runde,
„es gibt auch *Showmenschen* ohne Tiefgang, die ihre
Fans beherrschen." Und *„Weltverbesserer, Sittenwächter*
und *Moralapostel*, die mit dem eigenen Kopf durch die
Wand wollen und dabei sich selbst und anderen Schaden zufügen." Da fällt einem ein Beispiel ein: „Schwester

Rabiata" habe es mit ihm zwar gut gemeint, ihn aber nie zu Wort kommen lassen. Schließlich werden Geschichten über *Politiker* erzählt, die mit Netzwerken und Seilschaften oder Gruppenzugehörigkeit an die Macht gekommen seien, aber aufgrund fehlender Qualifikation und Erfahrung „einen schlechten Job" machten. Manche seien auch auf der Welle des Zeitgeistes, der durch moralisierende und belehrende Minderheiten geprägt sei, in die Schaltzentralen der Macht getragen worden.

Sind solche oder ähnliche Typen die alleinigen Macher der Macht, weil sie etwas machen, herrschen und beherrschen (wollen)?

Weil sie vielleicht alle von der Angst getrieben sind, zu kurz zu kommen, das Gesicht zu verlieren oder nicht als Erster im Wettlauf um Wertschätzung, Anerkennung, Einfluss oder Geld über die Ziellinie zu kommen?

Gibt es jedoch nicht auch die notwendige Kraft des sehenden Vertrauens, weil keiner sein Leben im Alleingang meistern kann, dass das Ich das Du braucht und beide das Wir? Dass Werte wie Anstand und Respekt, Fairness und Gerechtigkeit, Liebe und Barmherzigkeit die frische Luft zum Atmen in einer Gemeinschaft sind? Dass alle die Quelle gemeinsamen Rechts und gemeinsamer Spielregeln brauchen, damit Zusammenhalt und Zusammenarbeit möglich werden, eine gemeinsame Zukunft in Würde, Freiheit und Sicherheit erfahrbar wird? Müssen wirklich *Neid* – die lähmende Bremse des Fortschritts durch ständiges Vergleichen -, *Hass* – die eiskalte Keule, die alles Menschliche vergiftet und zerstört - , *Heuchelei* – die schöne Maske, hinter der sich häufig Minderwertigkeitsgefühle verbergen – oder *Denkfaulheit* – die eigenen vier Wände der Gewissheiten, die zwar Ruhe versprechen, aber Risse und Löcher haben – immer das letzte Wort behalten?

Es gibt noch eine andere Kraft im Machtgerangel der Gefühle und des Denkens, aber auch im Machtkampf der Interessen und Weltanschauungen: Die Kraft der *Liebe*, die zwar als Schwärmerei und Naivität oder als Moral und Bevormundung missverstanden werden kann. Aber im Geiste der biblischen Botschaft vor allem die persönliche Verantwortung vor Gott meint, der den Menschen von destruktiven Kräften befreien will, damit seine Vernunft beweglich, vernünftig und menschlich bleibt. Dieser Gott wirkt mitten in der Welt mit seinem Wort, in dem der schöpferische Geist wohnt. Gott lässt seinem Geschöpf und Ebenbild die Freiheit, seine Ohren und seinen Mund zu verschließen. Der Mensch kann aber auch seine Ohren, seinen Mund und seine Hände in aller Vorläufigkeit sowie im Gottvertrauen öffnen, weil sich sein Schöpfer das letzte Wort vorbehalten hat.

Fair bleiben

Der Wunsch, fair behandelt zu werden, ist keine weltfremde Frömmelei, keine spießige Moral, auch keine unerreichbare Illusion. Dennoch oder gerade deshalb wird mal laut und selbstbewusst, mal flüsternd und ängstlich geklagt: „Ich fühle mich unfair behandelt."

Wer nicht total abgestumpft oder völlig selbstgerecht durch die soziale Landschaft spaziert, sondern über einen seelischen Seismographen verfügt, kann diese Stimmungen im Stimmengewirr der Zeit wahrnehmen.

Einige Beispiele: „Das war eine unfaire Entscheidung", kritisiert ein Fan den Schiedsrichter. „Der Lehrer verteilt seine Noten nach Gutdünken", behauptet ein Schüler. „Wer dem Chef widerspricht, hat schlechte Karten", verbreitet ein Mitarbeiter. „Der Politiker denkt nur an seine Klientel, vor allem jedoch an sich", schimpft ein Bürger. „Meine neidische Schwester hat miese Gerüchte über mich verbreitet", beschwert sich ihr Bruder. „Das Leben ist nicht fair", sagt ein Mann weinend, dessen geliebte Frau plötzlich verstorben ist.

Der stille Ruf nach Fairness kann unter die Haut gehen, besonders wenn es keine schnellen Antworten gibt.

Doch Fairness gleicht häufig einem Diamanten, der manchmal verdunkelt ist oder manchmal auch versteckt irgendwo liegt. Aber muss er im Sumpf dumpfer Gefühle oder gekränkter Befindlichkeiten stets untergehen? Kann der Rohdiamant Fairness nicht gefunden und geschliffen werden?

Wenn ein Mensch es will, kann er aus dem wertvollen Stein „Fairness" etwas Lebensdienliches machen: Der *Wert* Fairness wird zur *Norm* seines Verhaltens, indem er sich fair verhält. Und aus dieser Norm z. B. der *Grundsatz* „Auch die andere Seite ist zu hören" sowie die *Regel* „Bitte um ein Gespräch oder Erklärung", um sich eine eigene Meinung bilden zu können - vorausgesetzt, die „Klage" erscheint ihm „wichtig" und nicht nur als Ventil, Dampf aus dem Kessel der „Ungerechtigkeiten" zu lassen.

Das Leben ist zu kurz und zu einmalig, aber auch zu schön und zu voll mit Chancen und Perspektiven, um sich mit Unfairness - auch wenn sie im Gewand der Selbstgefälligkeit daher stolziert - spitze Steine auf die eigene Seele zu legen. Christen und Nichtchristen können vielmehr am Beispiel Jesu lernen, nicht mit zerstörerischen Steinen zu werfen, sondern Diamanten im

Sumpf der Ungerechtigkeiten zu suchen: Faire Lösungen, die eine nachhaltige Leucht- und Wirkkraft entwickeln, die neues Vertrauen durch besseres Verstehen und gemeinsame Verständigung sowie ein gerechteres und glücklicheres Leben ermöglichen.

In Würde teilen

„Wer teilt gewinnt!" – ist das eine „coole" Logik? Ein Soldat, der im 4. Jahrhundert gelebt hat, folgte dieser Logik, indem er ganz spontan seinen Mantel mit einem frierenden Bettler teilte, der sich vor den Toren der französischen Stadt Amiens aufhielt.

Noch heute feiern viele den Martinstag am 11. November, seinem Beisetzungstag. Der Soldat und spätere Mönch und Bischof hat viele kulturelle Spuren hinterlassen und ist gleichsam zum Sozialheiligen der Nächstenliebe geworden. Und er beflügelt bis heute das kritische und selbstständige Denken.

Wer mit offenen Augen lebt, nicht hartherzig ist und vorurteilsfrei hilft, muss sich selbst nicht aufgeben, naiv oder blauäugig werden. Ohne den Besitz eines Mantels hätte Martin ihn nicht teilen können. Und Martin wollte offensichtlich auch nicht in panischer Angst oder mit schwärmerischem Übermut ohne Pferd und ohne Schwert leben, vor der Not flüchten oder kapitulieren.

Hilfsbereitschaft kann auch Wehrhaftigkeit mit Hilfe von scharfen Schwertern bedeuten, wenn z.B. ein brutaler Raubritter angreift und über Anderslebende oder unschuldige Menschen herfällt und ihre Existenz, ihre Souveränität, Freiheit und Sicherheit zerstören will.

Aber auch mitten im Alltag sind Ritter im Dienst der Würde und Vernunft gefragt, ohne selbst würdelos zu werden: Wo beispielsweise Lügen, Halbwahrheiten, Unterstellungen oder Intrigen herrschen, ist argumentativer Widerspruch und gewaltloser Widerstand angesagt – den Mund zu öffnen, ohne Öl ins Feuer der Auseinandersetzungen zu gießen; manchmal auch den Mund zu schließen, um seinen Mitmenschen nicht bloßzustellen, sondern ihm eine positive Entwicklung zu ermöglichen.

Der Ritterschlag christlicher Nächstenliebe bleibt jedoch die persönliche Verantwortung, die Christen vor Gott und ihren Mitmenschen wahrnehmen. Martin hat keinen fremden Mantel geteilt, sondern seinen eigenen. Die Botschaft der Liebe, die in kein Schaufenster als Ladenhüter gehört und auch kein Geschäftsmodell als Lockangebot ist, hat ihre Bewährungsprobe im Alltag. Keiner muss hoch zu Ross daherkommen oder sich auf Knien nähern. Er kann zu Fuß, auf leisen Sohlen und auf Augenhöhe im richtigen Augenblick im Rahmen seiner Möglichkeiten sein begrenztes Leben teilen, um Hilfen zu ermöglichen. Wohl wissend, dass geteilte Solidarität keine Einbahnstraße ist, weil aus Bettlern Ritter und aus Rittern Bettler werden können. Und es sich lohnt, die vorauseilende Liebe, die Gott schenkt, nicht „uncool" links liegen zu lassen.

Das Pendel der Extreme

Man kann alles übertreiben. Bei manchen Dingen schwingt das Pendel von einem Extrem ins andere. Das gilt zum Beispiel für Schwärmer, die zunächst alles durch die rosarote Brille sehen und Sternchen in ihren Augen haben, sich aber eines Tages Scheuklappen aufsetzen, weil sie enttäuscht oder verführt worden sind, alles nur noch negativ betrachten und zu Dauernörglern werden.

Oder für Erbsenzähler, die aus einer kleinen Ungenauigkeit einen großen Wirbel machen und zu Pauschalurteilen neigen.

Übertreiber baden im Wechselbad ihrer Gefühle und werden von ihnen getrieben. Das Pendel wird mal laut, mal leise, mal verdeckt, mal sichtbar, mal schnell(er), mal langsam(er) hin- und hergeschwungen. Die Stimmung kann zwischen Himmelhoch jauchzend und zu Tode betrübt schwanken, zwischen höchstem Glücksempfinden und tiefster Trauererfahrung.

Die Einseitigkeit und Parteilichkeit, die Borniertheit und das Schwarz-Weiß-Denken können auch seltsame politische Kapriolen erzeugen, vor allem auf der negativen

Seite: Detail- und Kontrollvernarrt wird das Haar in der Suppe gesucht. Dabei wird vergessen, dass durch übertriebenes Kopfschütteln und selbstgerechte Besserwisserei eigene Haare in die Suppe gefallen sind und sie ungenießbar gemacht haben.

Wer es mit Verboten und Regulierungen übertreibt, von oben herab erwachsene Menschen erziehen und eine gesellschaftliche Entwicklung zugunsten von Gruppeninteressen erzwingen will, behindert Kreativität und Eigenverantwortung, verhindert Pioniergeist und Engagement, vertreibt kluge Köpfe und den Fortschritt, der eigentlich allen zu Gute kommen sollte.

Oder wer seinen Mitmenschen ständig Etiketten auf die Stirn klebt, nur weil sie eine andere Meinung als sie selbst vertreten, sie auszugrenzen versucht und zum Schweigen bringen will, um das eigene Süppchen ungestört kochen zu können, zerstört in der Demokratie den freien und offenen Meinungsbildungsprozess im Blick auf tragfähige und nachhaltige Lösungen für alle.

Das schwingende Pendel lässt sich nicht einfach anhalten; auch helfen keine unrealistischen Ziele, wenn ihre Folgen, die Möglichkeiten und Bedingungen nicht mitbedacht werden. Wohl aber können Kompromisse als

Lebenselixier der Demokratie gesucht werden. Maßstäbe wie die Wahrung der Verhältnismäßigkeit, Menschen- und Sachgerechtigkeit, Klima- und Umweltverträglichkeit, Wirtschaftliches und Soziales sowie Verantwortung für zukünftige Generationen sind zugleich positive Antriebsfedern, um einen fairen Ausgleich unterschiedlicher Interessen und Überzeugungen zu erzielen.

Eine unsichtbare Feder der liebenden Vernunft kennt bei allen wechselnden Schwingungen und komplexen Verflechtungen ein hörendes Herz, das die Lebensfülle weitsichtig und zugleich konkret gestaltet, indem es mit den richtigen Mitteln die richtige Mitte im Möglichen entdecken hilft.

Wer diese Mitte sucht, wird eine gemeinsame Zukunft selbst in Zeiten wachsender Polarisierungen und Fragmentierungen finden - in Würde und Freiheit, in Sicherheit und Gerechtigkeit.

Und der Mensch mit seiner persönlichen Lernfähigkeit und Verantwortung, aus der er Zuversicht schöpfen kann, bleibt bei allen extremen Pendelschlägen stets Dreh- und Angelpunkt dieser dynamischen Mitte.

Unbelehrbare Fanatiker

Wer kennt sie nicht?!

Zum Beispiel fanatische *Fußballfans*: Sie verstehen jede Kritik an ihrer geliebten Mannschaft als Majestätsbeleidigung. Und ein Sieg um (fast) jeden Preis erscheint ihnen wichtiger als die Fußballregel, dass der Bessere im fairen Spiel siegen möge, auch wenn das Glück (des Tüchtigen?) immer mitspielt.

Oder fanatische *Eltern*: Alles dreht sich nur um ihr Kind, an dem sie einen „Affen gefressen" haben. Vor lauter Liebe vergessen sie, ihrem Kind notwendige Grenzen aufzuzeigen, es an sinnvolle Regeln zu gewöhnen und ihm eingeschränkte Verantwortlichkeit zu geben. Und wegen übertriebener Ängste, das Kind zu verlieren, können die Eltern auch dann nicht loslassen, wenn das „Schmuckstück" ein mündiger Erwachsener geworden ist.

Oder fanatische *Gläubige*: Sie kämpfen mit missionarischem Eifer gegen Andersgläubige, weil sie sich als auserwählte Instrumente ihres Gottes verstehen, sein Wort wörtlich auslegen, ihm oder seinem „Bodenpersonal" situations-, zeit- und kritiklos folgen und keinen Zweifel an der Richtigkeit ihres Tuns und Lassens haben. Sie leben in dem erhabenen Bewusstsein, dass ihre Autoritäten unfehlbar und unantastbar sind. Und sie die „besseren Menschen" sind.

Oder fanatische *Ungläubige*: Sie sind leidenschaftlich ergriffen von ihrer absolut gesetzten Wahrheit, dass nur das Sichtbare, Messbare, Überprüfbare, Wiederholbare, Widerspruchsfreie zählt und dass nur Zahlen und Statistiken, Wissen und Gutachten eine Bedeutung haben. Sie leugnen unterschiedliche Zugangsmöglichkeiten zu der *einen* Wirklichkeit, die ständig im Fluss ist. Und verkennen, dass angenommene Wahrheiten relativ und vorübergehend sind und deshalb immer wieder neue Gewissheiten gefunden werden können.

Oder fanatische *Weltverbesserer*: Sie fühlen sich wie eine abgehobene Elite, die versucht, den normalen Menschen zu normieren, ihm schulmeisterlich vorzuschreiben, was richtiges oder falsches Denken, Reden, Schreiben und Verhalten ist. Im alleinigen Besitz der Wahrheit sind solche Fanatiker nicht selten gleichzeitig Richter über Andersdenkende und Retter der ganzen Welt. Ihre Teil-Wahrnehmung der Wirklichkeit, die sie kompromisslos vertreten, ist für sie die ganze Wirklichkeit.

Der Grat zwischen leidenschaftlichem Engagement, das wichtig für das Zusammenleben ist, und verbohrtem Fanatismus, der den Zusammenhalt gefährdet, ist schmal. Aber Fanatismus zerstört das Zusammenbleiben und ist deshalb keine Bereicherung der Vielfalt, sondern Gift für das Zusammensein.

„*Fanaticus*" – lat. „göttlich inspiriert" – in welcher Gestalt auch immer mischt blind und wütend einen Cocktail, der für Freiheit und Vielfalt ungenießbar ist. Und wer sich selbst vergöttlicht und andere verteufelt, hört auf keine Argumente.

Fanaticus kann sich nur ändern, wenn er selbst in den Spiegel schaut. Bis dahin braucht er keine moralischen Appelle oder Bußpredigten, auch keinen Applaus von Allesverstehern, sicherlich mehr kritische Bildung, vor allem jedoch stets den Raum des Rechtes und der Gesetze, um die vielen Opfer des Fanatismus zu schützen. Und dadurch vielleicht selbst zur Besinnung und Vernunft zu kommen.

Spaßvogel mit Eule und Spiegel

Ist Ihnen schon einmal ein hochnäsiger Filou über den Weg gelaufen? Vielleicht ein *„bissiger Hund"*, der sich selbst unsicher und bedroht fühlt, deshalb laut bellt, Zähne zeigt und sein Gegenüber zu verjagen und wegzubeißen versucht. Oder ein *„spottender Vogel"*, der sich über sein Gegenüber lustig macht, ihn gerne bloßstellt und seine persönlichen Schwächen aufs Korn nimmt. Oder eine *„täuschende Schlange"*, die mit List und Tücke ihr Ding macht, manchmal sogar mit ihren ironischen Sprüchen das Gegenteil meint und ihre wahre Einstellung verdeckt, bis sie entdeckt wird.

In der Literatur tauchen solche Figuren häufiger auf, zum Beispiel im Buch „Ein kurzweilig Lesen von Dil Ulenspiegel up dem Land zu Brunßwick", ein Buch aus dem Jahr 1515, das wohl vom Zollschreiber Hermann Bote aus Braunschweig stammt. Der Protagonist des Buches mochte keine „Korinthenkacker", keine kleinlichen und humorfeindlichen Personen, die mit verdrießlichem und verzogenem Mund viel „quarkten", wenn sie auf ihrer Besserwisserei herumritten.

Gerne hielt ein herumstreifender „Dil" auch den vornehmen Spießern, die geistig unbeweglich und engstirnig waren, sowie den abgehobenen Moralpredigern, die imponieren und erziehen wollten, den Spiegel vor, um ihnen ihre eigene Dummheit - meinen genug zu wissen - und ihre Doppelmoral - geforderte Maßstäbe selbst nicht einzuhalten - zu zeigen.

Dieser Till Eulenspiegel – wohl geboren um 1300 im Dorf Kneitlingen am Elm im Landkreis Wolfenbüttel, gestorben um 1350 in Mölln im Kreis Herzogtum Lauenburg – soll mit spitzer Zunge die gespaltenen Zungen „eitler Affen" im „Apenheul", einer gierigen, abgehobenen und selbstverliebten Welt, im Visier seiner Streiche gehabt haben.

Als „lüttcher Bengel", so wird erzählt, saß er einmal hinter seinem Vater auf einem Pferd, streckte den Leuten die Zunge aus und ließ seine Hose herunter, um sie mit seinem „Arß" zu ehren. Als „pfiffiger Gesell" soll er in einer Bäckerei statt „Luffen" (Brötchen), „Apen und Ulen" (Affen und Eulen) gebacken haben, um sie nach dem Rausschmiss durch den Bäckermeister erfolgreich an die Leute zu verkaufen. Als Turmbläser im Bernburger Schloss am Saaleufer hat er es angeblich gewagt, dem Grafen von Anhalt 1325 eine lange Nase zu drehen.

Der Schalk hinterließ jedenfalls viele Spuren; er ist bis heute bekannt und beliebt - nicht nur in Bernburg („Eulenspiegelturm"), sondern auch insbesondere in Schöppenstedt („Eulenspiegel-Museum"), in Mölln („Eulenspiegelmuseum"), in Braunschweig („Eulenspiegelbrunnen" und „Haus") sowie in Wolfenbüttel („Eulenspiegel Radweg").

Vor allem bleibt seine zugespitzte Botschaft und seine manchmal auch deftige Ausdrucksweise lebendig, wenn Menschen heute wie „Ulenspiegel" mit der Feder einer Eule („Ule") Staub – Vorurteile und Gehässigkeiten - abwischen („abulen"), um weise und klug handeln zu können. Oder wenn sie mit einem Spiegel („Speigel") - mit provozierendem Klartext im Kontext - die Augen vor Manipulation und Indoktrination öffnen, ohne ihren nackten Po als „Wertschätzung" selbst einer fanatischen und intoleranten Person zeigen zu müssen.

Wenn es die Figur des Tills nicht gegeben hätte, müsste sie geschaffen werden, damit das Leben leichter und großzügiger wird. Denn sonst könnte die dunkle Wirklichkeit nicht durch verkehrende Späße und belebenden Humor geradegebogen, aufgeklärt und erleuchtet werden.

Die Früchte des Reifens

Unbekannte Gäste stehen vor einer Tür und klopfen an. Eine Stimme ist zu hören: „Ja, bitte?!"

Ein erster Gast sagt: „Ich bin **Gravitas**." Und stellt sich vor: Sie sei der *Ernst* des Lebens. Sie habe in ihrem Leben Höhen und Tiefen erlebt. Durststrecken und Stürme hätten sie getroffen, irritiert und erschüttert. Aber in den Zeiten der Not sei sie gereift. Tiefpunkte hätten sich als Wendepunkte entpuppt. Endlichkeit und Vergänglichkeit, Menschlichkeit und Sinnerfahrungen seien ihr immer wichtiger geworden. Und sie habe ein besonderes Verantwortungsgefühl entwickelt.

Ein zweiter Gast stellt sich als **Auctoritas** vor. Ihr Aussehen trage die Spuren der Zeit. Aus strahlender Jugendlichkeit sei ein sichtbares Zeugnis ihrer Erfahrungen geworden, das jedoch von altersloser Schönheit rede. Vor allem sei jedoch ihr *Ansehen* gewachsen, weil sie seltener schlechtes Theater spiele und mehr ihre Freiheit wahrnehme, sie selbst zu sein und mit eigenen Widersprüchen zu leben - oder sie vernünftig zu überwinden. Im Alter sei sie immer unabhängiger im Denken und Handeln sowie zugleich solidarischer und fürsorglicher geworden.

Der dritte Gast mit Namen **Sophia** berichtet: „Manche wollen mich nicht kennenlernen". Sie blieben Gewohnheitstiere, würden noch dickfälliger und sturer. Umoder verlernen sei auch schwerer als neu- oder dazuzulernen. Aber wer neugierig und vorurteilsfrei auf neue Balkone trete, könne weiter sehen und Zusammenhänge entdecken. Wer selbstkritisch und beweglich bleibe, müsse zu keiner Marionette der Bedingungen werden, sondern könne als Stehaufmännchen Widerstandskräfte entwickeln. Wer die Brille eines anderen aufsetze, könne mit den Augen des anderen besser sehen lernen – und unterschiedliche Empfindungen und Wahrnehmungen aushalten. Und wer die *Weisheit* liebe, wisse: Es gibt kein Glück ohne Unglück. Und keine Leidenschaft ohne Leiden.

Da ist noch ein vierter Gast, der Einlass begehrt: „Ich heiße **Fides**". Das Altern sei für sie kein ständiger Abstieg vom Berg des Lebens, auch kein ständiges Tal. Sie stehe für neue Wege mit neuen Möglichkeiten und neuen Entwicklungschancen, weil sie Grund- und Gott-*Vertrauen* verkörpere. In ihrem Rucksack befinde sich die Erfahrung, die sie gesammelt hat und zugleich Zuversicht, dass Gott als unsichtbarer Wegegleiter und Wegbereiter mitgehe - sowie Werte wie schöpferische

Liebe, die nur Neuanfänge kenne sowie Kraft und neuen Sinn schenke. Die Liebe, die nicht Angst mache, belehre oder bestrafe, sondern teile, verzeihe und heile, ermutige weiterzugehen, suchend voranzuschreiten bis Türen geöffnet würden: Dass zum Schlüssel eines gelingenden und glücklichen Lebens *Ernst, Ansehen, Weisheit* und *Vertrauen* gehören, um das Leben reifen und neue Früchte wachsen zu lassen.

Esel, Hund, Katze, Hahn

Ein **Esel** hatte in seinem Leben treue Dienste geleistet. Als er älter und schwächer geworden war, sollte er verkauft und in andere Hände gegeben werden. „Ist das gerecht?" fragte sich der Esel. „Werde ich jetzt nur noch höflich geduldet? Muss ich nur noch auf meinen Tod warten?" Er schrie „i-ah!": „Ich bin doch ein Esel und muss mir nicht alles gefallen lassen!" Auch er behalte seine Würde, selbst wenn er nicht mehr so leistungsfähig wie früher sei und nutzlos erscheine. Als der alte Esel von einem Ort hörte, wo es auch für ihn noch ein glückliches Leben geben könne, gab er sich einen Ruck und verließ seinen Stall.

Auf dem Weg begegnete ihm ein alter **Hund**, der jaulte: „Ich soll nur noch in meinem Zwinger bleiben, bis ich tot bin!" Aber er könne doch noch laut bellen, wenn sich Wölfe näherten. Und er sei immer noch in der Lage, die Schafherde zu verteidigen, sogar den Angreifer wegzubeißen.

Da kam eine alte **Katze** aus ihrem Versteck gekrochen, und fauchte: „Mir geht es ähnlich. Im Alter bin ich nur noch zum Kuscheln gut, aber meine Freiheit außerhalb des Hauses soll ich nicht mehr selbstbestimmt genießen dürfen!"

Da krähte ein alter **Hahn**: „Wohl wahr. Auch meine Stimme wird nicht mehr gerne gehört. Ich soll nur noch wie ein Papagei das nachplappern, was andere Stimmen vorplappern. Oder meinen Schnabel halten, bis ich auf einem Teller gelandet bin."

Alle Tiere beschlossen, sich gemeinsam auf den Weg zum Sehnsuchtsort zu machen. Kein Tier wollte lieblos vom Leben ausgeschlossen werden und ein fremdbestimmtes Sterben auf Raten erleben.

In der folgenden Nacht entdeckten sie ein Haus, in dem Lichtgestalten mit Schattenspielen lebten. Im Brustton moralischer Überlegenheit sowie sachlicher Besserwisserei hörte man sie reden und über andere gehässig sprechen und lästern. Waren sie das alleinige Maß aller Dinge? Die Taktgeber und Bestimmer auch allen Lebens? Hatten sie die Weisheit mit Löffeln gegessen? Oder kochten sie nur ihr eigenes Süppchen?

Vor dem Fenster des Hauses positionierte sich das Quartett, furchtlos, aber nicht zahnlos: Der Hund stand auf dem Rücken des Esels; die Katze auf dem des Hundes, der Hahn auf dem der Katze. Mit vernehmbaren und klaren Worten sowie leidenschaftlicher Überzeugungskraft überraschten und vertrieben sie die mächtigen Alleswisser und Alleskönner aus dem Haus in die Nacht der Bedeutungslosigkeit.

Die Unterschätzten und Kleingehaltenen hatten durch ihren gemeinsamen Willen, frei und selbstbestimmt zu leben, sowie durch ihr solidarisches Handeln der eigenen Entwürdigung die Stirn geboten, Klartext in ihrem Kontext geredet. Die Angst vor Veränderung und Kritik war gewichen und neues Selbstvertrauen entstanden. Nun konnte nachhaltiges Leben in vielfältiger Gemeinschaft gestaltet werden.

Und die Vier blieben in dem Haus wohnen, weil sie in der Bejahung ihrer jeweiligen Identität sowie im Zusammenhalt aller den Sehnsuchtsort in Würde, Freiheit und Sicherheit gefunden hatten.

Buch des Lebens

Ein Mensch zieht Bilanz. Seine biologische Uhr tickt immer lauter. Die Spuren seines Alterns werden immer sichtbarer. Immer häufiger muss er lernen, Altes loszulassen. Immer seltener erfährt er das Gefühl, noch gebraucht zu werden.

War sein Leben wie ein schönes Buch mit beglückenden Kapiteln, in denen seine Menschlichkeit und Erfolge gefeiert wurden? In denen seine Träume von Liebe und Freundschaft wahr werden konnten? Oder existieren schmerzhafte Anhänge, sogar gefälschte Seiten - Zeiten, in denen er den Chef seines Lebens spielte, aber nur Spielball der Verhältnisse war und sich selbst neu erfinden musste? Gab es mehr Brüche als Neuanfänge, mehr verschlossene als geöffnete Türen, mehr gezinkte als offene Karten, mehr verpasste Chancen als Glücksfälle, mehr Risse und Bisse als Heilungen und Verteidigungen? Ist seine Handschrift stets erkennbar gewesen? Oder wenigstens ein roter Faden im scheinbar sinnlosen Durcheinander?

Einzelne Passagen jedoch sind faszinierend und machen zugleich nachdenklich:

Eine *Rose*, die blüht, spricht ohne Worte, verzaubert und vergeht doch.

Ein *Vogel*, der singt, auch in der Dunkelheit, beglückt und verstummt doch.

Das *Gras*, das frisch gemäht ist, duftet, betört und verschwindet doch in einer Scheune.

Der *Wind*, der weht und den Körper streichelt, zieht doch weiter.

Das *Salz*, das würzt und das Leben genießbar macht, wird doch eines Tages schal.

Die *Eingebung*, die plötzlich alarmiert, sich klug zu verhalten, und doch nicht erklärt und nachgewiesen werden kann.

War letztlich doch alles vergeblich, weil alles ein Geheimnis bleibt; alles eitel, weil alles endlich und ist und Stückwerk bleibt? Weil ein Mensch zwar mit leeren Händen das Licht der Welt erblickt, im Leben seine Hände mit Schönem und Hässlichen, Kostbarkeiten und Widrigkeiten füllt, aber mit leeren Händen der Finsternis des Todes, der Ohnmacht und Endlichkeit begegnet?

Der Schöpfer des Menschen jedoch bilanziert anders: Er liest das Buch eines Menschen mit zugleich barmherzigen und gerechten Augen, nimmt Gelungenes und Unvollkommenes im Kontext der Bedingungen wahr, auch die verborgenen oder vergessenen Seiten. Gott kann vor allem zwischen den Zeilen lesen, kennt den versteckten Sinn des scheinbar Unerklärlichen und Unbeantwortbaren. Und schenkt Kraft und Mut, Altwerden und Reifen, Werden und Vergehen anzunehmen. Denn im Buch des Himmels – so Lukas 10,20 – ist der Name des Menschen eingeschrieben. Und dieses Buch verstaubt nicht, ist vielmehr Grund zur Freude, wenn es im zuversichtlichen Vertrauen gelesen wird. Und schenkt Sinn in möglichen neuen Aufgaben.

Geburtsglück

Ein kleines Wunder –
ein geliebtes Kind.

Ein Original, einzigartig und unverwechselbar –
keine Spielpuppe von der Stange.
Ein Geschenk des Himmels, geliebt und gewollt –
kein Spielzug der Evolution.
Vom Schöpfer bedingungslos gewürdigt –
kein Spielball der Interessen.
Den Eltern anvertraut –
kein Einzelspieler ohne Wegbegleiter.
Befähigt zum Wachsen und Reifen –
kein fertiger Spieler.
Unterwegs in Hoffnung –
kein frustrierter Spielverderber.
Ausgestattet mit Bedürfnissen und Willen –
kein Mitspieler ohne eigenes Profil.

Ein faszinierendes Wunderwerk –
unabhängig von späteren Spielerfolgen.

Denn der Schöpfer spielt nicht mit seinem Geschöpf.

Weil das Kind *seine* Göttlichkeit widerspiegelt.

Das Kind verliert nicht seine geschenkte Würde.

Weil sie in die Tiefe ewiger Wahrheit,

in die Weite irdischer Hoffnung

und in die Freiheit der Verantwortung

vor dem liebenden Schöpfer und dem Nächsten führt.

Glaube und Wissen

Menschen diskutieren.

Die eine Person ist *Naturwissenschaftlerin* und „an Fakten und Tatsachen interessiert". Für sie gilt nur das im Experiment Feststellbare, Messbare, Überprüfbare. Ihr Motto lautet: „Hauptsache, das richtige Wissen und das Ergebnis stimmen".

Die andere Person ist ein *frommer Mann*, der an Aussagen seiner Heiligen Schrift interessiert ist. Für ihn gilt nur das in der Bibel Gelesene, das im Leben Gehörte, das Erlebte. Sein Motto lautet: „Hauptsache, das richtige Bekenntnis und das Verhältnis zu Gott stimmen."

Eine weitere Person stellt sich als *Kulturwissenschaftlerin* vor, die sich vor allem mit den Kulturleistungen der Gesellschaft beschäftigt. Für sie gilt nur, was sie durch ihre Brillen – z.B. durch die Brille der „Sprache", „Kunst", „Religion", „Medien", „Geschichte" - wahrnimmt. Ihr Motto lautet: „Hauptsache, die richtige Anerkenntnis der Kultur und das Verhältnis zu Gruppen stimmen, passen zum Proporz und zur Vielfaltsquote."

Aber gibt es wirklich nur die „eine" Wirklichkeit? Ist die Wirklichkeit nicht mehr als ein wissenschaftliches Experiment, mehr als ein frommes Leben, mehr als kulturelle Zuschreibungen? Geht es nicht immer „nur" um unterschiedliche Betrachtungsweisen, um selektive Wahrnehmungen im jeweiligen Zusammenhang angesichts unterschiedlicher Bedingungen? Welcher Mensch kennt die „ganze Wahrheit"? Muss nicht immer wieder um neue Erkenntnisse gerungen werden, um den Schatz der „ganzen Wirklichkeit" zu heben, zu erneuern und zu vermehren?

Vielleicht hilft ein Brückenschlag, um zusammenzuführen, was eigentlich zusammengehört:

Ein Wissen ohne Glauben kann herzlos, ein *„vernünftiger Typ"* zu einem eiskalten Stein werden, der vom Wasser der Menschlichkeit umspült wird, aber im Innersten trocken bleibt. Er versteht sich selbst als unnahbaren Wissensgott.

Ein Glaube ohne Wissen kann maßlos werden; ein *„frommer Typ"* kann ein Feuerwerk der Gefühle erleben, die im Innersten wie schöne Farben und Formen aufblitzen, aber schnell abbrennen, sich im Alltag als

Schwärmerei oder als Bedeutungslosigkeit offenbaren. Er erlebt sich selbst als erwählten Ersatzgott.

Demgegenüber kann ein Wissender demütig bleiben, weil sein Wissen zwar stets Stückwerk ist, er aber neugierig nach dem „*Wie*" der Wirklichkeit fragt und offen für neue Entdeckungen ist. Er kann gleichzeitig aus der Quelle des Glaubens Kraft- und Sinnerfahrungen schöpfen.

Und der Glaube kann mutig bleiben, weil er zwar den Zweifel kennt, aber wissbegierig nach dem „*Wozu*", dem Sinn und dem „roten Faden" der Wirklichkeit fragt - gepaart mit dem wachsenden Schatz des menschlichen Wissens, der einen menschengerechten Fortschritt stärkt.

Beide – Glaube und Wissen – können auf neue Gewissheiten durch Gott selbst hoffen, der seine Geschenke – den Glauben an seine liebende Wirkmacht und die aufgeklärte Vernunft in Verantwortung vor ihm – miteinander versöhnt.

Gebet eines Suchenden

Gott, bist Du die **Quelle allen Lebens**?
Dann danke ich Dir, dass Du auch mir
das Leben geschenkt hast.
Dass ich gewollt und nicht zufällig entstanden bin.
Dass ich durch Dich eine angeborene und
unverlierbare Würde habe.
Stets kann ich aus der Quelle des Glaubens schöpfen.

Gott, bist Du das **Wasser des Lebens**?
Dann danke ich Dir, dass Du mir
jeden Tag Leben ermöglichst.
Dass ich nicht untergehe, wenn ich
krank und hilflos bin.
Dass ich nicht abhebe, wenn ich
gesund und erfolgreich bin.
Stets bleibe ich in Dir geborgen.

Gott, bist Du der **Schlüssel zum Leben**?
Dann danke ich Dir, dass ich Dich - wie Jesus damals -
mit „Abba", „Papa", anreden darf.
Dass ich mit Deinem befreienden und
versöhnenden Wirken rechnen kann.

Dass Du das letzte Wort auch in meinem Leben hast.
Stets bleibe ich vor Dir verantwortlich.

Gott, Du bist der **Begleiter meines Lebens**.
Du bist bei mir, auch wenn ich Dich noch suche.
Du kennst meine Wünsche, bevor ich sie Dir nenne.
Du erfüllst nicht alle meine Wünsche,
aber Du schenkst mir Neuanfänge und neuen Sinn
sowie neue Freude und Freunde.

Danke, dass es Dich gibt.
Anders als ich vielleicht denke.
Aber im Vertrauen,
in der Hoffnung
und durch Deine Liebe
bist Du stets für mich da.

Krankheit als Türöffner

Eine Krankheit,
die sich keiner wünscht,
jeder möglichst schnell überwinden möchte,
mit der manche lange leben
oder scheinbar vergeblich kämpfen,
ist ein Angriff auf den ganzen Menschen:
auf seine Seele, die verletzt ist,
auf seinen Geist, der betrübt ist,
auf das soziale Miteinander, das verunsichert ist,
auf seine Gewohnheiten,
die auf einmal vertriebenen sind.

Aber eine Krankheit kann auch ein Schlüssel sein,
mit dem neue Räume des Dankens
und Denkens geöffnet werden:
Nichts ist selbstverständlich.
Vieles erscheint in einem neuen Licht.
Manches wird neu bewertet.
Nichts Irdisches bleibt ewig.

Ist die Lebenszeit nicht ein einmaliges Geschenk?
Kann in der Vergänglichkeit die Ewigkeit aufleuchten,

die letzte Geborgenheit und letzten Sinn schenkt?

Mit guten Ärzten und Schwestern,
auch mit dem Schlüssel des Vertrauens und der Liebe
kann ein Mensch wieder auf die Beine kommen,
auf Genesung und einen neuen Anfang hoffen.
Weil Gott in die Dunkelheit des Lebens
einen Strahl ewigen Lichtes schickt.

Mit Gott reden

Ein Mensch sucht nach Worten:
Gott, meine Krankheit ist wie ein Erdbeben.
Plötzlich, unerwartet und unvorbereitet, erschüttert es mich und mein ganzes Leben.
Ströme der Angst überfluten meine Seele.
Wolken voller bitterer Fragen überziehen meinen Geist.
Mein Körper rebelliert gegen die Druckwellen
der zerstörerischen Kräfte.
Alles in mir und um mich herum
bebt und bewegt sich, ist verunsichert,
wird immer dunkler, ratloser, hilfloser und machtloser.

Gott, wo bist Du?
Ich sehne mich nach Deiner Hilfe.
Ich flehe Dich an. Ich rufe zu Dir. Ich suche Dich.
Bin ich nicht von Dir geschaffen worden?
Hast Du mir nicht eine unverlierbare Würde geschenkt?
Schicktest Du mir nicht häufig Engel,
Boten Deiner Liebe, Wegbegleiter und Wegbereiter, die mir auf allen Wegen Kraft und Mut, Gelassenheit und Besonnenheit schenkten?

Lass doch Deine Gemeinschaft mit mir nie enden!
Dir vertraue ich meine Zukunft an.
Wenn es Dein Wille ist,
dann schenk mir neues Leben.
Wenn Du etwas anderes mit mir vorhast,
dann lass mich wenigstens Deine Geborgenheit erleben.

Ich lasse Deine Hand nicht los,
auch wenn ich scheinbar ins Leere greife.
Ich vertraue Deiner Hand mein Leben an,
auch wenn ich Dich nicht verstehe.
Ich hoffe auf Deine Hand,
auch wenn ich mich im Nebel bewege.
Ich danke Dir für Deine Hand,
auch wenn ich sie nicht verspüre.
Ich ergreife Deine Hand,
auch wenn ich sei nicht richtig begreife.
Meine Hände lege ich vertrauensvoll
in Deine unsichtbare Hand.

Ich bitte Dich im Namen Jesu Christi,
der Deine unendliche Liebe in der Not erfahren und neues Licht in die Finsternis gebracht hat, dass Du auch mein Herz erhellst und meine Seele erwärmst.

Ewiges Haus

Im Haus seines Lebens lief fast alles rund. Aber plötzlich war alles anders. Das Hamsterrad des Alltags geriet ins Stocken. Der weite Mantel des Berufes, auf den der Computerexperte so stolz war, wurde zur einengenden Zwangsjacke, da er nicht mehr klar denken konnte. Die Töne des Verstandes, die ihn bewegten, hatten sich in ein Trommelfeuer wechselnder Gefühle verwandelt.

Was war geschehen? Sein geliebter Bruder war aus dem Leben gerissen worden. Sein erschüttertes Leben war aus den Fugen geraten. Gut gemeinte Worte wie „Er ist bei Gott geborgen" und „Es gibt bei Gott einen versteckten Sinn" zerplatzten wie schillernde und schwebende Seifenblasen bei der Berührung mit einem Stoff.

Gab es für ihn keinen Trost? Ein seltsames Bild entstand in seinem Kopf, als würde er im Nebel nach einem Geländer tasten, das ihm etwas Halt geben könnte. Sollte Gott vielleicht mit einem universellen Megarechner verglichen werden können? Der viele Millionen Speicherzellen kennt und schöpferische Möglichkeiten hat? Deshalb keine einzige Info löscht, sondern die kleinstmögliche Einheit nur in einen anderen Ordner ablegt, wenn ihre Zeit gekommen ist?

In der Nacht nach seiner verzweifelten Suche nach Antworten hatte er einen Traum. Auf dem Weg durch einen Wald mit unbekannten Geräuschen war es sehr kalt und so finster, dass er sich fürchtete. Da sah er in der Ferne ein Licht. Als er sich ihm genähert hatte, stand er vor einem lichtdurchfluteten Haus. Zunächst suchte er vergeblich einen Eingang, bis er eine Tür fand, die einen Spalt geöffnet war. Er musste sich klein machen, um hindurchzukommen. Aber als er sich dann wieder aufrichtete, war er überwältigt von der Eingangshalle – überall Licht, das nicht blendete und ein wohltuender Wärmestrom, der ihn erfasste. Alle Räume des Hauses hatten offene Türen. Und er hörte Stimmen von Verstorbenen, die er gut kannte. Einer sagte wie beglückt: „Jetzt verspüre ich keine Schmerzen." Eine andere Stimme pries ihr neues Zuhause: Hier gebe es keine Konflikte und keinen Streit. Auch erlebe sie hier keine Neid- und Rachegefühle, keine Gier und Selbstsucht, keine Heuchelei und Doppelmoral – kein diesseitiges Programm der Boshaftigkeiten mit dem Ehrgeiz, selbst Licht zu sein. Und eine weitere Stimme mahnte noch, man könne in dieses Haus nichts mitnehmen, kein Geld, kein Vermögen, keinen Ruhm, keinen Erfolg, keine

Macht, keine Sicherheit, auch keine Klugheit und kein Spezialwissen. Und auch keinen Computer.

Da erschrak der Computerexperte und wurde wach. Hatte er einen kleinen Vorgeschmack auf eine geistliche Wohlfühloase oder nur eine seelische Fata Morgana erlebt? Wenn die „gut gemeinten Worte" (siehe oben) im Gottvertrauen doch wahr werden sollten? Und er dachte über die Stimme Jesu nach: „Im Haus meines Vaters gibt es viele Wohnungen. Sonst hätte ich euch nicht gesagt: Ich gehe hin, um dort alles für euch vorzubereiten." (Joh 14,2) Wenn sein Bruder im Hause Gottes ist, dann könnte auch er dort seine Wohnung finden?

Auf jeden Fall war ihm klar geworden, dass sein Computer zwar eine gewisse Genugtuung schenkt, aber keine zuversichtliche Gewissheit auf ein unsichtbares Leben in liebender Fülle – auf ein ewiges Haus, das er jedoch im Haus des Lebens braucht, um getröstet weiterzuleben.

Die Sanduhr

Alles hat seine Zeit, das wissen viele. Ist jetzt die Zeit gekommen, über die Lebenszeit nachzudenken?

Eine Fliege, die sich hektisch plagt, will nicht gestört werden: „Ich habe jetzt keine Zeit." Und knallt immer wieder verzweifelt gegen die Fensterscheibe, weil sie das „Wichtigere" sieht, aber die offene Tür übersieht, die in die Freiheit führt.

Ein Zeitgefährte jedoch, der Halt und Orientierung sucht, ergreift die Gelegenheit beim Schopfe, als er eine Sanduhr sieht. Und er denkt in Ruhe nach.

Der Sand im oberen Kolben der Uhr rieselt scheinbar unbemerkt, aber unaufhaltsam. Der Sand - die einmalige Lebenszeit - wird immer weniger. Sie ist deshalb besonders wertvoll. Keiner kann die Zeit anhalten oder festhalten, zurückdrehen oder zurückholen, auch nicht einfach vermehren, herbeizaubern oder vorhersagen. Keiner kann eine Garantie geben, dass alles „beim Alten" bleibt. Die Lebenszeit - wie sie auch immer „gemessen" wird - bleibt ein kostbares Geschenk.

Manche jedoch stehlen anderen die Zeit, verplempern die eigene Zeit oder lassen sich von ihrem Terminkalender versklaven. Andere stecken den Kopf in den Sand, um die Endlichkeit und Zerbrechlichkeit nicht wahrnehmen zu müssen. Und missachten, dass sie kein Dauerabo auf unbegrenztes Leben haben, auch wenn sie sich wie halbe Götter oder halbe Teufel aufführen. Andere streuen Sand in die Augen, um zu täuschen oder zu mauscheln. Und verkennen, dass sie sich auf dünnem Eis bewegen, dass sie zu jeder Zeit enttarnt werden und sich selbst schädigen können. Wieder andere sind Sand im Getriebe, indem sie ihre Mitmenschen mit Nichtigkeiten und Eitelkeiten nerven. Und merken nicht, dass sie das Miteinander belasten und vergiften.

Doch das Symbol der Sanduhr lädt zu einer neuen Haltung ein: die eigene Lebenszeit anzunehmen - dankbar, nicht überheblich; selbstbewusst, nicht selbstherrlich; genussvoll, nicht hartherzig. Und seine Zeit verantwortungsvoll zu füllen - z.B. mit echter Freude, liebender Vernunft und sinnstiftender Tätigkeit.

Wenn das Diesseits (oberer Kolben!) im Jenseits (unterer Kolben!) endet, geht nichts verloren. Und wenn die Sanduhr „auf den Kopf" gestellt wird, dann kann das Jenseits im Diesseits durch die „enge Öffnung" des Glaubens an den ewigen Gott eine Bedeutung erhalten: *Mei-*

ne Zeit, so ein Psalmbeter, *steht (stets und dennoch) in Gottes Händen* – nicht nur ihr Anfang und ihr Ende, sondern auch die Mitte der kostbaren Lebenszeit.

Für ein zivilisiertes Miteinander

Trotz allem.

Eine Vision – eine Vorwegnahme der Zukunft – muss keine unrealistische Schwärmerei und auch keine Moralkeule sein. Die Vision einer weltweiten zivilisierten Kultur – unabhängig von Religion oder Weltanschauung – kann vielmehr schon jetzt starke Menschlichkeit mobilisieren und wehrhafte Lebensgeister wecken: Sich selbst und seine Mitmenschen vor Hass und Lüge, Doppelmoral und Heuchelei, Gewalt und Unrecht zu verteidigen; vor allem unschuldige und wehrlose Menschen vor Brutalität und Bosheit zu schützen und ihnen beizustehen, damit sie frei und sicher, souverän und glücklich leben können.

*Die Entwicklung einer weltumspannenden **Vision** fängt bei jedem einzelnen an:*

Würdevoller zu leben, indem die angeborene Würde sowie die angeborene Freiheit anderer so geachtet werden, wie man selbst geachtet und behandelt werden will.

Gerechter zu leben, indem Lebenschancen für alle gesucht und unterschiedliche Leistungen anerkannt werden; dem Schwachen zur Selbsthilfe, dem Hilflosen solidarisch geholfen wird; die Folgen des Handelns stets für die Mit-, Umwelt- und Nachwelt mitbedacht werden.

Wahrhaftiger zu leben, indem Wahrheiten und Kompromisse, Lösungen und Optionen immer wieder neu und fair gesucht werden, die Kluft von Sein und Schein glaubwürdig überwunden wird.

Toleranter zu leben, indem Unterschiede und Vielfalt im Rahmen geltender Gesetze geachtet werden, Person und Sache unterschieden sowie die Entwicklung der Persönlichkeit ermöglicht wird.

Taktvoller zu leben, indem Rücksicht auf die Gefühle und die persönliche Situation anderer Menschen genommen wird; durch kulturelle Umgangsformen menschliches Format entstehen kann.

Barmherziger zu leben, indem Neuanfänge gewagt und Verantwortung wahrgenommen wird, weil kein Mensch perfekt, eine austauschbare Ware oder ein zu funktionierender Automat ist.

Leidenschaftlicher zu leben, indem für das richtig Erkannte, das aktuell Notwendige, das langfristig Gebotene zugleich mutig und besonnen, tapfer und klug, stark und verantwortungsbewusst gekämpft wird.

Die gelebte Vision überwindet sowohl ein rein effizientes oder gleichgültiges Durchwursteln als auch ein unberechenbares oder machtsüchtiges Durcheinander. Sie vermittelt Haltung, Halt und Zusammenhalt, bremst Unmenschlichkeit und fördert ein zivilisiertes Miteinander mitten in allen Realitäten.

Dennoch.

Zauber des Meeres

Wer sieht mit den *Ohren* etwas Besonderes,
wenn das Licht mit den Wellen spielt?

Wer hört mit den *Augen* etwas Einzigartiges,
wenn rauschende Wellen das Licht verzaubern?

Wer riecht mit den *Händen* etwas Außergewöhnliches,
wenn sich Licht und Wellen reiben?

Der ahnt,
dass Ewiges im Endlichen
und Endliches im Ewigen lebt.
Wenn sich unbegrenzte Weite
mit unbekannter Tiefe
zauberhaft in Freiheit vereinen.

Seligpreisungen Jesu

(Matthäus 5,3 bis 12)

Die Seligpreisungen, die acht Versprechen Jesu, geben einen Vorgeschmack auf Glückseligkeit.

Der Bergprediger preist Personengruppen „selig", das heißt „glückselig":

„Die geistlich Armen": Wer entdeckt, dass er trotz seiner Leistungen vor Gott mit leeren Händen steht, weil alles vergänglich und eitel ist, der kann von Gott reich beschenkt werden – zum Beispiel mit der Gewissheit bedingungsloser Liebe. Das gilt für alle, auch für die wirtschaftlich Reichen.

„Die Trauernden": Wer entdeckt, dass Gott aus einem Tiefpunkt seines Lebens einen Wendepunkt oder Neuanfang machen kann, der wird durch Jesu Botschaft vom Reich Gottes getröstet – der kann wieder vertrauen und das Leben bejahen, lachen und Neues wahrnehmen, muss nicht büßen oder die Toten beklagen.

„Die Sanftmütigen": Wer entdeckt, dass Gott mächtiger als die Mächtigen ist, weil die nicht alles machen können, der erwartet alles von Gott – und muss nicht vor den Machern dieser Welt auf die Knie gehen, kuschen

oder flüchten, weil er durch Gottes Macht selbst in seiner Ohnmacht eine reale Chance zum Leben bekommt.

„Die nach Gerechtigkeit Hungernden und Dürstenden": Wer entdeckt, dass Gott allein gerecht ist und alle Menschen mit gnädigen Augen betrachtet, setzt sich für mehr Gerechtigkeit in dieser Welt ein – für bessere Teilhabe- und Lebenschancen aller, der Mitwelt, der Umwelt und der Nachwelt.

„Die Barmherzigen": Zu einem glücklichen Leben im Angesicht Gottes gehört die Nächstenliebe, nicht Rührseligkeit oder Selbstaufgabe, sondern persönliches Mitfühlen, Mitdenken, Mithelfen und Mitverantworten, Fürsorge und Mitsorge, Vorsorge und Nachsorge, Hilfe zur Selbsthilfe und zur Verantwortung.

„Die reinen Herzens". Zu einem glücklichen Leben im Angesicht Gottes gehört das Vertrauen in Gottes Gegenwart, nicht Genügsamkeit oder Selbstherrlichkeit, sondern eine persönliche Verantwortung vor Gott und dem Nächsten.

„Die Friedensstifter". Zu einem glücklichen Leben im Angesicht Gottes gehört der Frieden, nicht Duldsamkeit oder Gleichgültigkeit, sondern der verantwortungsbe-

wusste Einsatz für einen Frieden in Würde, in Freiheit, Sicherheit und Gerechtigkeit.

„Die um der Gerechtigkeit willen Verfolgten": Zu einem glücklichen Leben im Angesicht Gottes gehört die Standfestigkeit, nicht Rückgratlosigkeit oder Mutlosigkeit, sondern das Ertragen von Verachtung, Hochmut und Gleichgültigkeit dem Willen Gottes gegenüber.

Die Glückseligkeitsversprechen wollen nicht bevormunden; sie wirken auch nicht wie heiße Luft, die schnell verdampft, sondern eher wie eine frische Brise neuen Lebens, die Mut macht, mit Gehirn und Herz auf letzte Glückseligkeit im Reich Gottes und jetzt schon auf den Geist des Bergpredigers im Alltag zu hoffen.

Zehn Perspektiven

Gott gibt Moses für das Volk Israel die **Zehn Gebote** (2. Mose 20,1-17)

"Und als der HERR mit Moses zu Ende geredet hatte auf dem Berge Sinai, gab er ihm die beiden Tafeln des Gesetzes; die waren aus Stein und beschrieben von dem Finger Gottes." (2. Mose 31,18)

1. Ich bin der Herr, dein Gott, der dich aus der Sklaverei in Ägypten befreit hat.
2. Du sollst außer mir keine anderen Götter haben. Du sollst dir kein Götzenbild anfertigen.
3. Du sollst den Namen des Herrn, deines Gottes, nicht missbrauchen.
4. Denk an den Sabbat und heilige ihn. Sechs Tage in der Woche sollst du arbeiten und deinen alltäglichen Pflichten nachkommen, der siebte Tag aber ist ein Ruhetag für den Herrn, deinen Gott.
5. Ehre deinen Vater und deine Mutter. Dann wirst du lange in dem Land leben, das der Herr, dein Gott, dir geben wird.
6. Du sollst nicht töten.

7. Du sollst nicht die Ehe brechen.

8. Du sollst nicht stehlen.

9. Du sollst keine falsche Aussage über einen deiner Mitmenschen machen.

10. Du sollst den Besitz deines Nächsten nicht begehren: Weder sein Haus, seine Frau, seinen Sklaven, seine Sklavin, sein Rind, seinen Esel oder sonst etwas, das deinem Nächsten gehört.

Die Gebote mit persönlicher Auslegung:

Gott als Herrn und Befreier aus Ägypten anerkennen?

Weil Gott will, dass Menschen ihm als zuverlässigen Wegbereiter vertrauen.

Dein Leben wird beseelt, gewinnt Sinn und Liebe, wenn Gott dich von den Fesseln entwürdigender Abhängigkeiten befreit. Gott will dich durch Täler und über Höhen begleiten. Er bietet dir seine unsichtbare, aber erfahrbare Gemeinschaft an. Er schenkt dir Orientierung und Schutz, Mut und Zuversicht sowie Kraft und Möglichkeiten zum Weitergehen in den weiten Raum neuen Lebens.

Nur an einen Gott glauben und dir nicht vorstellen, wie er aussieht?

Weil Gott will, dass Menschen ihm als ewige Quelle allen Lebens vertrauen.

Dein Leben wird beseelt, gewinnt Sinn und Liebe, wenn Gott mehr ist als deine Vorstellung von ihm. Gott sprengt alle Bilder, die du von ihm machst sowie alle Gedanken über ihn. Er will auch in deinem Leben der

Freie und Souveräne bleiben, um dir selbst in tiefen Tälern oder festgefahrenen Sackgassen deines Lebens neue Perspektiven aufzuzeigen und neue Wege zu ebnen.

Gottes Namen in Ehren halten?

Weil Gott will, dass Menschen ihn als unsichtbaren Schöpfer ehren.

<u>Dein Leben wird beseelt, gewinnt Sinn und Liebe,</u> wenn Gottes schöpferischer Geist in dir lebt und durch Dich glaubwürdig zum Ausdruck kommt. In seinem Namen ist der Schöpfer gegenwärtig, wenn du ihn aufrichtig anrufst, seinen Namen nicht missachtest und verleugnest oder ihn nicht als Instrument von Gewalt oder Heuchelei missbrauchst. Wenn du seinen Namen ehrst, kannst du auf sein Wirken in guten Zeiten hoffen und in schlechten Zeiten dennoch vertrauen.

Am Sabbat ruhen und ihn feiern?

(nach christlicher Lesart „Feiertag" am Sonntag statt „Sabbat" am Samstag)

Weil Gott will, dass seine Geschöpfe durch ihn geschützt bleiben und erneuert werden können.

Dein Leben wird beseelt, gewinnt Sinn und Liebe, wenn Du das göttliche Angebot annimmst und dich nicht vom Stress und der Hektik, vom Leerlauf und der Sinnleere, von Gleichgültigkeit und dem Hochmut, aber auch nicht von Sorgen und den Ängsten beherrschen lässt. Wer aus der Quelle religiösen Lebens regelmäßig schöpft, wird mit neuer lebensdienlicher Energie beweglicher und zuversichtlicher: Sein Alltag erhält mit neuer Gelassenheit, Besonnenheit und Weisheit eine ausstrahlende Haltung.

Deine Eltern ehren?

Weil Gott will, dass Eltern und Kinder sich als eine bleibende gute Gemeinschaft erleben.

Dein Leben wird beseelt, gewinnt Sinn und Liebe, wenn du deine Eltern achtest und ihre besonderen Aufgaben der Fürsorge und Erziehung sowie ihren Einsatz, dich zur Selbstständigkeit und Eigenverantwortlichkeit zu befähigen, anerkennst. Doch auch die Eltern sollen die Würde und das Wohl ihrer Kinder, die mit eigenen Rechten und Pflichten erwachsen werden sowie eines Tages selbst Eltern werden können, achten. Eltern und Kinder sollen nicht an dem Ast des Lebens sägen, auf dem alle Menschen sitzen.

Nicht morden?

(nach christlicher Lesart „töten" statt „morden" wie im hebräischen Original)

Weil Gott will, dass alle seine Geschöpfe das von ihm geschenkte Leben achten.

Dein Leben wird beseelt, gewinnt Sinn und Liebe, wenn du keinen Menschen tötest, dem Gott eine unantastbare Würde geschenkt hast. Kein Mensch soll einmaliges und gewürdigtes menschliches Leben auslöschen, vorsätzlich, heimtückisch, habgierig oder grausam zerstören. Jeder Mensch hat jedoch in Demut und Ehrfurcht vor Gott sowie in Verantwortung vor ihm und dem Nächsten das Recht auf Selbstverteidigung sowie eine Pflicht zur Verteidigung des Lebensschutzes, der Würde und der Freiheit.

Nicht ehebrechen?

Weil Gott will, das zwei Menschen in ihrer Ehe glücklich bleiben oder werden können.

Dein Leben wird beseelt, gewinnt Sinn und Liebe, wenn du die Lebensform der Ehe als lebenslange Verantwortungsgemeinschaft bejahst und nicht aus ihr verantwortungslos ausbrichst oder in ihr wie ein Dieb einbrichst und dadurch das Miteinander vergiftest und Vertrauen zerstörst. Eheleute sollen sich im Geist der gegenseitigen Annahme und des Respektes, der gleichberechtigten Partnerschaft und der Versöhnung auf Augenhöhe begegnen, sich ergänzen und unterstützen sowie entwickeln und vertrauen können. Wer um der liebenden Vernunft willen innerhalb der Ehe oder nach einer Trennung im gegenseitigen Einverständnis einen Neuanfang sucht, kann nachhaltig neues Glück in gemeinsamer Verantwortung finden.

Nicht stehlen?

Weil Gott will, dass seine Geschöpfe durch ihr Eigentum frei und sicher leben können.

<u>Dein Leben wird beseelt, gewinnt Sinn und Liebe,</u> wenn du das Eigentum anderer achtest, weil du selbst nicht bestohlen oder beraubt werden willst. Eigentum ermöglicht ein vielfältiges Leben in Sicherheit und Freiheit, in Liebe und Vernunft. Wenn rechtmäßig erworbenes Eigentum nicht geschützt wird oder nicht frei verfügbar und einsetzbar ist, verliert der Mensch seine Unabhängigkeit, eigenverantwortlich, sozial und solidarisch zu handeln. Wer viel Eigentum hat, trägt eine besondere Mitverantwortung für die, die weniger oder kein Eigen-

tum haben, ohne dass sein Eigentum unverhältnismäßig gemindert wird und sich Eigentumsbildung und Vorsorge nicht mehr lohnen.

Nicht Falsches über andere sagen?

Weil Gott will, dass Menschen respektvoll, aufrichtig und fair miteinander umgehen.

<u>Dein Leben wird beseelt, gewinnt Sinn und Liebe,</u> wenn du Wahres und Richtiges in liebender Vernunft sagst, nicht mit gespaltener Zunge sprichst oder absichtlich und gezielt andere Menschen schlecht- und kleinmachst, um dich selbst groß und wichtig zu machen. Sowohl Heuchler mit Doppelmoral als auch verbohrte Wahrheitsfanatiker vergiften das Miteinander und zerstören notwendiges Vertrauen. Da es „die Wahrheit" nicht gibt, sind Urteile stets zeit-, situations- und personenabhängig sowie vorläufig; müssen „Wahrheiten" immer wieder neu gesucht werden. Irrtum und Täuschung sind ständige Begleiter bei der aufrichtigen und ehrlichen Suche nach stimmigen und widerspruchsfreien Beurteilungen und Urteilen. Wer selbst vorurteilsfrei und fair sowie verständnisvoll und verständigungsbereit behandelt werden will, soll nicht hinter dem Rücken eines Menschen Halbwahrheiten oder Falsches über ihn ver-

breiten, sondern möglichst mit ihm sprechen, auch in seiner Abwesenheit fair bleiben, vor allem um eine Aussprache bemüht sein, um ihn besser zu verstehen und gerechte Lösungen auf Augenhöhe zu finden.

Niemanden beneiden?

Weil Gott will, dass sich jeder Mensch mit seinen Gaben und Aufgaben sozial entwickeln kann.

Dein Leben wird beseelt, gewinnt Sinn und Liebe, wenn du deine eigenen Fähigkeiten und Möglichkeiten, Bedürfnisse und Ziele entdecken, wahrnehmen und entwickeln kannst und du faire und gerechte Lebenschancen auch anderen Menschen zubilligst. Der Neidische, der ständig vergleicht, über sein eigenes Unglück todtraurig und über das Glück des anderen todunglücklich ist, bremst nicht nur den Beneideten in seiner Entwicklung aus, sondern schadet sich auch selbst und der Gemeinschaft. Wer jedoch die Qualität und Leistung, den Erfolg und das Können oder auch das Sein und Haben seines Mitmenschen schätzt, als gerecht *er*kennt und als positiv *an*erkennt, *be*kennt sich zu einem gemeinsamen Leben, in dem ein gelungenes Vorbild zum anspornenden Leitbild in Freiheit und Verantwortung erlebbar wird – als menschliches Abbild des Willens Gottes, der eine gemeinsame Zukunft verspricht.

Die Selbstvorstellung Gottes zählt nach <u>jüdischer</u> Lesart als Zusage Gottes und nicht als Gebot.

Dennoch oder gerade deshalb erhält die Zusage Gottes die Nummer 1. Die Zahl 10 wird durch die Einheit des Fremdgötterverbots mit dem Bilderverbotes hergestellt.

Die Selbstvorstellung Gottes, das Fremdgötterverbot sowie das Bilderverbot sind nach Lesart der <u>Katholiken</u> und <u>Lutheraner</u> Teile des ersten Gebotes. Um die Zahl 10 wieder herzustellen, ist das Begehrensverbot aufgeteilt. Die ersten fünf Gebote lassen die Beziehung zwischen Gott und Mensch mit der Aufforderung „Liebe Gott, indem du..." zusammenfassen; die zweiten fünf Gebote mit „Liebe deinen Nächsten, indem du...".

Der <u>Koran</u> erwähnt die Zehn Gebote an verschiedenen Stellen. Das Gebot, den Sabbat zu heiligen sowie das Verbot, den Namen Gottes nicht zu missbrauchen, fehlen. Einen „Ruhetag" gibt es nicht, wohl aber das Freitagsgebet in der Moschee; der Name Gottes („Allah") soll auch im Alltag häufig genannt werden.

Christliches Menschenbild

Das Bild vom Menschen aus christlicher Sicht schöpft aus der biblischen Quelle:

Nach der <u>ersten</u> Schöpfungserzählung („<u>Priesterschrift</u>" 1.Mos 1,1-2,4a; **Elohim** = Gott) ist der Mensch ein **Ebenbild Gottes**, Abschluss und Krönung der gesamten Schöpfung – nach dem **Bild** und der **Ähnlichkeit Gottes** sowie als **Mann und Frau** durch Gottes analogieloses Tun geschaffen („creatio ex nihilo" = Schöpfung aus dem Nichts").

Nicht Gott hat eine menschliche Gestalt, sondern der Mensch ist von Gott her, repräsentiert Gott und bleibt ihm gegenüber verantwortlich.

„Und Gott sprach. Lasset uns Menschen machen nach unserem Bilde, uns ähnlich." (1. Mose 1,26a)

„Und Gott schuf den Menschen zu seinem Bilde, zum Bilde Gottes schuf er ihn; und schuf sie als Mann und Frau." (1. Mose 1,27)

Nach der <u>zweiten</u> Schöpfungserzählung („<u>Jahwistischen</u> Bericht" 1. Mose 2,7-3,19; **JAHW** = Namen des Gottes Israels) ist der Mensch ein **Erdengebilde,** aus dem

Staub der Erde gebildet, indem Gott ihm den Odem des Lebens (Odem=Atem) in seine Nase blies.

Als Erdling ist der Mensch begrenzt und vergänglich, als „lebendige Seele", die er nicht hat, sondern ist, bleibt er mit Gott verbunden.

„Da machte Gott der HERR den Menschen aus Erde vom Acker und blies ihm den Odem des Lebens in seine Nase. Und so ward der Mensch ein lebendiges Wesen." (1.Mose 2,7)

Die Erschaffung der Frau (=„ischa"), die zum Mann (="isch") „passt", deutet auf die Wesensgleichheit sowie Gleichwertigkeit bei aller Verschiedenheit hin (1. Mose 2,18-25).

Zusammengefasst:

Der Mensch ist ein **gewolltes** Geschöpf Gottes.

Er ist kein Zufallsprodukt; es bleibt jedoch letztlich ein Geheimnis, warum er wann, wo, wie und wozu er das Licht der Welt erblickt.

Der Mensch ist ein **originelles** Geschöpf Gottes.

Er ist kein Fließbandprodukt; jeder Mensch hat einen individuell genetischen Fingerabdruck sowie eine einzigartige und unverwechselbare Sozialisation und Geschichte.

Der Mensch ist ein **soziales** Wesen.

Er ist von Geburt an kein Einsiedler; jeder Mensch braucht in seiner Unvollkommenheit und Bedürftigkeit andere Menschen zum Überleben, soziale Kontakte und fürsorgliche Solidarität. Und er wird selbst als Teil der Gemeinschaft gebraucht.

Der Mensch ist ein **Ebenbild** Gottes, ihm „ähnlich".

Er ist kein gottloses Wesen, auch wenn er sich als Gottloser versteht. Der Mensch, der eine unzerstörbare Würde (=„dignitas aliena"=fremde Würde) hat, wird als Abbild seines Urbildes seine „Verantwortung vor Gott" nicht los. Er bleibt ihm verantwortlich, weil er in einer wesenhaften Beziehung zu ihm steht. „Denn von ihm und durch ihn und zu ihm sind alle Dinge." (Röm 11,36)

Der Mensch ist ein **Kunstwerk** Gottes, dem Schöpfer zwar **entfremdet,** ihm jedoch bleibend **verantwortlich.**

Er ist kein böser Wolf, aber auch kein gutes Schaf; wohl aber schenkt ihm der Glaube an **Jesus Christus,** der das

Ebenbild Gottes ist (2.Kor 4,4), die innere Freiheit zur Liebe, zur gelebten Verantwortung vor Gott und dem Nächsten im inneren Kampf mit Hass, Bosheit, Neid, Lüge und Angst.

Der Mensch als freies Kunstwerk Gottes - eine Mischung von Vernunft und Gefühl, von Gott freiwillig und ohne jede Gegenleistung geschaffen und gewürdigt - kann einerseits die unsichtbare Hand seines Gottes ausschlagen, ignorieren oder sogar „beißen". Andererseits kann der Mensch diese Hand auch im Gott- und Christusvertrauen ergreifen, um zu begreifen:

Die schöpferische Hand liebt mich unendlich und schenkt mir durch den Geist Christi Neuanfänge. Denn **Jesus Christus** ist ein einzigartiger Spiegel der göttlichen Liebe, die im Vertrauen auf sein Wort erfahrbar wird.

Kompass christlicher Ethik

Christliche Ethik - das Handeln, das vom christlichen Glauben geprägt ist und sich an der biblische Botschaft orientiert - ist *zugleich Gesinnungs- und Verantwortungsethik.* Sie ist keine Sonder-, Super-, Zwei-Stufen- oder Durchschnitts- Ethik; sie sollte nicht mit Bevormundung, Schwärmerei, Prinzipienreiterei oder reinem Pragmatismus verwechselt werden.

Christliche Ethik kann mit einem **Kompass** verglichen werden –keinem Rezeptbuch -, der zu einem gelingenden Leben durch Gott, vor Gott und mit Gott einlädt; die Bibel kennt verschiedene Lebensperspektiven:

*die **Nadel** der **Folgen** (konsekutive Ethik)*
dem Glauben/der Dankbarkeit **folgt** die Liebe
z.B. Mt 18,21-35 („Schalksknecht"; wer Liebe erfahren hat, soll Liebe weitergeben)

*die **Nadel** der **Forderungen** (imperativische Ethik)*
dem Glauben **soll** die Liebe/Weisheit folgen
z.B. Mt 7,12 („Goldene Regel"; „Alles nun, was ihr wollt, dass euch die Leute tun sollen, das tut ihnen auch.")

oder Ex 20,13 („Du sollst nicht töten"; im hebräischen Original „nicht morden")

*die **Nadel** der **Einheit** (indikativische Ethik)*
Glaube und Liebe/Leben **sind** eine Einheit
z.B. Gal 5,25 („Wenn wir im Geist leben, so lasst uns auch im Geist wandeln.")
Röm 11,36a („Denn von ihm und durch ihn und zu ihm sind alle Dinge.")

*die **Nadel** der **Freiheit** und **Verantwortung***
(konkrete Ethik)
der Christ ist **frei** zur Liebe in Vernunft und Verantwortung
z.B. 1.Kor 6,12 („Alles ist mir erlaubt, aber nicht alles dient zum Guten")
Mk 2,27a („Der Sabbat ist um des Menschen willen gemacht.")
Lk 10,30-37 („Der barmherzige Samariter"; Nächstenliebe geschieht aktuell und konkret im solidarischen Vollzug, ist freiwillig und persönlich, bedingungslos, vorurteilsfrei und grundsätzlich grenzenlos, zielt auf Hilfe zur Selbsthilfe durch Professionalität und Delegation)

*die **Nadel** der **Würde** (<u>universalistische</u> Ethik)*
alle Menschen sind für Christen Ebenbilder Gottes
Gen 1,27a („Und Gott schuf den Menschen zu seinem Bilde.")
2. Kor 4, 4 (Christus ist das „Ebenbild Gottes")

Der christliche Kompass – in welcher Situation auch immer – will ein gelingendes Leben vor Gott und mit Gott möglich machen.

Der Autor

Burkhard Budde

geboren 1953 in Bünde in Westfalen

promovierter Theologe aus
Bad Harzburg, freier Journalist und
Buchautor, Kolumnist des Wolfenbütteler Schaufenster

ehrenamtlicher Vorsitzender der Ebbecke Stiftungen in Braunschweig sowie des Stiftungsrates des Wichernhauses in Bad Harzburg,

Mitglied des Auswahlausschusses der Konrad-Adenauer-Stiftung/Begabtenförderung und Kultur

Verleihung des Spenger Stadtpreises (2003)
Promotion an der Kirchlichen Hochschule Wuppertal/Bethel (2007)
Verleihung des Kronenkreuzes in Gold der Diakonie (2014)

verheiratet, zwei erwachsene Kinder und zwei Enkel

Bücher des Autors

Eine Auswahl

Inspirationen für Gegenwart und Zukunft

Kleines Kompendium christlichen Wissens

Verlag: Books on Demand (2022)

ISBN: 978-3-7562-1858-5

Moment Mal

Aphorismen für den Alltag

Verlag: Books on Demand (2021)

ISBN: 978-3-7557-1740-9

Haifische im Aquarium (Roman)

Mitten unter uns

Verlag: Books on Demand (2020)

ISBN-13: 978-3-7519-5956-8

Annis Welt

Neugier auf das Leben

Verlag: Books on Demand (2019)

ISBN-13: 978-3-7347-9678-4

Erkennen, anerkennen, bekennen
Gedanken aus dem Leben zum Denken und Handeln
Verlag: Books on Demand (2018)
ISBN-13: 978-3-7448-8537-9

Christliches Management profilieren
Führungsstrukturen und Rahmenbedingungen
konfessioneller Krankenhäuser in Deutschland
Verlag: LIT Verlag (2009)
ISBN-13: 978-3-8258-0830-3

Dem Leben auf der Spur
Perspektiven Jesu am Beispiel des Spenger Altars
Verlag: Ernst Knoth (1998)
ISBN: 3-88368-302-7

Wege der Versöhnung
Illustrationen von Marie-Luise Schulz
Verlag: Ernst Knoth (1997)
ISBN: 3-88368-299-3